CLV

2. Auflage 2025 (CLV)
(früher erschienen bei Christliches Verlagshaus GmbH, Stuttgart)

Christliche Literatur-Verbreitung e. V.
Ravensberger Bleiche 6 · 33649 Bielefeld
www.clv.de

Bei Fragen zur Produktsicherheit erreichen Sie uns
über gpsr@clv.de oder auf dem Postweg.

Satz: Samuel Stark, Bielefeld
Umschlag: Lucian Binder, Marienheide
Druck und Bindung: CPI books GmbH, Leck

Artikel-Nr. 256761
ISBN 978-3-86699-761-5

Eckart zur Nieden

Nächte an der Grenze

Jung & Jünger

INHALTSVERZEICHNIS

MICHAEL KANN SCHWEIGEN

Es war stockdunkle Nacht. Nur ab und zu wurde die tief hängende Wolkendecke vom Wind zerfetzt. Dann tauchte das Licht der Sterne und des abnehmenden Mondes das Buschwerk am Hang für einen Augenblick in ein schwaches Dämmerlicht.

Die Umrisse der Berggipfel konnte man mehr erahnen als erkennen.

Im Dunkeln wurden Bewegungen hörbar – Atmen – Schritte.

Oder war es nur eine Täuschung?

Da! Schattenhafte Gestalten tauchten aus der Finsternis auf, mehrere Männer hintereinander.

Sie schleppten etwas.

Der erste schien den Weg mit den Füßen zu ertasten. »Vorsicht!«, rief er leise seinem Nachfolger zu. Dann sprang er einen kleinen Rain hinab und war verschwunden. »Vorsicht!«

»Vorsicht!«

Jeder gab den Warnruf flüsternd an den nächsten Mann

weiter. Einer nach dem anderen verschwand wieder in der undurchdringlichen Finsternis.

Der Wind schloss den Wolkenvorhang vor der gespenstischen Szene.

»Toooooooor!«

»Drei zu eins!«

Dieser Hartwig war doch ein Pfundskerl! Wenn der einen Ball vor den Füßen hatte, zitterte die gegnerische Mannschaft.

Seine Spielkameraden hoben ihn hoch und trugen ihn in die eigene Platzhälfte zurück.

»Freust du dich denn gar nicht?«

Michael drehte sich um. Es war Frieder, der ihn so fragte, der rechte Verteidiger.

»Doch! Natürlich!«

»Sieht aber gar nicht so aus!«

Michael ging langsam wieder zu seiner Ausgangsstellung als rechter Läufer zurück. Dabei ließ er seinen Blick hinunter in das Tal schweifen, wo die schmucken oberbayrischen Häuser des Dorfes Kilianstal wie Spielzeughäuschen verstreut lagen. Weiter rechts, wo der Hang etwas ebener wurde, standen die Zelte. Links davon ragten die österreichischen Alpen in den Himmel hinauf.

»Träum nicht, Micki! Es geht weiter!«

Jetzt muss ich mich aber zusammennehmen, dachte Michael, *sonst denken die noch, ich hätte Heimweh.*

Micki nahm sich zusammen.

Es dauerte keine zwei Minuten, da konnte er bereits beweisen, dass er wieder ganz bei der Sache war.

Arno spielte ihm einen Ball zu. Michael spurtete los. Da stand Schiller, der eigentlich Egon hieß, der gegnerische Verteidiger. Michael umspielte ihn im Handumdrehen. »Trottel!«, rief jemand von der Mitte herüber.

Egon, der trockene »Lagerdichter«, wollte die Hände in die Tasche stecken. Als er merkte, dass das bei der Turnhose nicht möglich war, ließ er sie sinken und sagte verlegen:

»Der kam mit achtzig Sachen – da konnt' ich halt nichts machen!«

Inzwischen hatte Michael den Ball in die Mitte zu Eberhard weitergegeben. Der kam aber nicht durch und gab ihn zurück. Micki wagte einen flachen, weiten Schuss, und ... »Toooor!«

Jetzt war es Michael, der im Triumph zurückgetragen wurde.

Aber seltsam – so richtig freuen konnte er sich immer noch nicht. Woran lag das wohl?

Als Hannes das Spiel wieder angepfiffen hatte, rief Frieder zu Michael hinüber: »Prima hast du das gemacht, Micki! Ich dachte schon, du wärst krank.«

Michael antwortete nichts.

Frieder kam herüber, es gab im Augenblick nichts zu tun. »Dich werden sie bestimmt als Läufer aufstellen, wenn wir morgen gegen die Jungen des Dorfes spielen.«

»Meinst du?«

»Na sicher! Du, ich freue mich schon riesig auf das Spiel! Die schlagen wir bestimmt 10:0!«

Frieders Begeisterung steckte Michael nun doch etwas an. Er setzte sich bis zum Schlusspfiff noch ordentlich ein. Und dann, auf dem Weg hinüber ins Lager, konnte er sogar wieder laut lachen, als er Egon, genannt Schiller, sagen hörte:

»Verwünscht der Tag, da ich geboren! Wir haben 4:1 verloren!«

Am späten Nachmittag ging's hinaus zum Geländespiel. Das Zeltlager, das eben noch von den laut schwatzenden Jungen erfüllt gewesen war, lag plötzlich verlassen da.

Nur die vier »Apachen« saßen noch vor ihren Zelten. Ihre Aufgabe war es, durch die feindlichen Linien zu schleichen, drüben auf dem anderen Gipfel den Schatz zu holen und ihn durch das Gebiet der »Comanchen-Krieger« zurück ins Lager zu bringen, ohne sich dabei erwischen zu lassen.

Die »Apachen« hießen mit ihren bleichgesichtigen Namen Michael, Hartwig, Manfred und Egon. Neben ihnen saß der zweite Lagerleiter, Franz Kuhlmann, und passte auf, dass die »Apachen« den Kriegspfad erst eine halbe Stunde nach den »Comanchen« betraten. Der wirklich bleichgesichtige und strohblonde junge Mann war Chemiestudent und wurde deshalb im Lager nur »Hazweio« genannt.

»Jetzt los!«

Die vier tapferen Krieger sprangen auf und liefen hinüber in das Gehölz oberhalb des Lagers, damit die Späher der Feinde nicht beobachten konnten, wie sie sich aufteilten. Manfred ergriff das Wort.

»Ich schlage vor, jeder versucht einzeln durchzukommen. Ich werde dort oben durch die Kiefern schleichen.«

»Ich werde mich noch höher halten«, sagte Michael. »Wer weiß, ob sie sich die Mühe machen, ihre Posten so weit hinaufzuschicken.«

Manfred wandte ein: »Da oben ist das Gebüsch aber sehr niedrig!«

»Macht nichts! Ich werde mich schon nicht entdecken lassen!«

Egon sah angesichts der ernsten Situation davon ab, seine Meinung in Reimen zu äußern. Vielleicht fiel ihm auch gerade nichts ein. Seine Rede war deswegen aber nicht weniger »edel«.

»Ich werde mich zu Tale wenden«, sagte er, »um unsre Feinde alldorten zu umschleichen.«

»Bleibt mir noch die Mitte«, stellte Hartwig fest. »Macht aber nichts. Die größere Gefahr erhöht den Reiz der Sache. Und wer hat schon einen ›Apachen‹ vor einer Gefahr zögern gesehen?«

»Ich jedenfalls nicht!«, stellte Manfred lächelnd fest.

Dann trennten sie sich, und jeder versuchte sein Glück.

Michael hatte viel zu klettern. Es dauerte zwanzig Minuten, bis er zum niedrigen Strauchwerk gekommen war. Dabei geriet er aber so außer Atem, dass er sich erst einmal auf einen Stein setzen musste, um zu verschnaufen. Es war sowieso richtig, zunächst ein wenig zu lauschen und zu beobachten, bevor er sich in die Gefahrenzone begab.

Unter ihm lag das Zeltlager und ganz unten im Tal das Dorf.

Micki fing ein bisschen an zu träumen. Seltsam: Kaum kam er mal etwas zur Ruhe und wurde nicht durch alles Mögliche abgelenkt – schon fiel ihm wieder ein, was Hannes, der Lagerleiter, an diesem Morgen gesagt hatte. Zu dumm, dass ihn das dauernd verfolgen musste!

Was ihn aber am meisten geärgert hatte, war der Satz: »Sei ganz sein, oder lass es ganz sein!«

Micki hatte eine Weile gebraucht, bis er das kapierte.

Gemeint war: Sei ein ganzer Christ oder überhaupt keiner. Aber sei nicht nur ein halbfrommer Mitläufer.

So 'n Kohl! Was die wohl sagen würden, wenn er den Satz ernst nähme und ganz wegbliebe! Da wären sie sicher auch nicht zufrieden!

Michael hatte auch gar keine Lust, ganz wegzubleiben! Dazu war es in der Gruppe viel zu interessant. Vor einiger Zeit hatte er noch gar nicht gewusst, dass es so etwas gab – bis Hartwig ihn eingeladen und mitgenommen hatte. Es gefiel Michael gut.

»Eins ist klar«, brummte Michael vor sich hin, »ich will schon ein ganzer Kerl werden – kein halber –, einer, auf den man sich verlassen kann.« Fromm sein? Hm – das passte nicht so richtig in das Bild, das Micki von einem »ganzen Kerl« hatte.

Es wurde Zeit.

Michael verschwand im Gebüsch.

Möglichst leise bog er die Äste beiseite und zwängte sich hindurch. Zwischendurch blieb er immer wieder stehen und lauschte.

Da war eine Schneise. Vorsichtig schob Michael den Kopf hinaus. *Wenn sie klug sind, verstecken sie sich am Rand der Schneise und warten, bis einer rüberkommt,* dachte Michael.

Nichts war zu merken.

Einmal musste er es ja wagen. Micki verließ sein Versteck und huschte hinüber.

Plötzlich wurde der Wald lebendig. Jemand rief: »Hierher! Hier ist einer!« Er war entdeckt worden.

Wohin?

Da – ein dichtes Gebüsch!

Micki sprang mitten zwischen die Äste, ohne Rücksicht auf die Risse an Armen und Beinen. Er wühlte sich in zwei Sekunden noch tiefer hinein, warf sich auf den Boden und blieb mucksmäuschenstill liegen.

Davor rannte gerade jemand vorbei.

Michael meinte, sein keuchender Atem müsste ihn verraten. Aber er konnte ihn nicht anhalten.

Jemand rief: »Er wird schon weitergelaufen sein. Hinterher, schnell!«

Dann war es still.

Sicherheitshalber blieb Michael noch eine Weile ruhig liegen. Aber niemand kam zurück. – Es war noch einmal gut gegangen.

Michael sah sich um.

Wohin war er denn hier geraten?

Er lag auf einem freien Fleck mitten im dichten Gebüsch. Der Boden war auffallend eben und sauber. Aber das Besondere war: Drei große hölzerne Kisten standen da, alle mit einem Vorhängeschloss gesichert. Was sollte denn das bedeuten?

Michael versuchte, eine der Kisten anzuheben.

Es ging nur mit großer Mühe. Er setzte sich darauf und überlegte. Wer konnte hier nur die Kisten hingestellt haben – und warum?

Es war klar, dass dieses Gebüsch als Versteck besonders hergerichtet worden war. Es war doch zu unwahrscheinlich, dass ein nach außen so dichtes Gesträuch von Natur aus innen einen so freien Platz hatte.

Schmuggler!

Als Michael dieser Gedanke durch den Kopf schoss, musste er erst ein bisschen lächeln. Man musste nicht immer gleich das Schlimmste denken!

Aber in diesem Fall?

Wer konnte sonst solche Kisten auf den Berg tragen, wo die österreichische Grenze so nah war? Wer hatte dazu einen Grund? Und wer würde sie so sorgfältig verstecken?

Michael beschloss, der Sache auf den Grund zu gehen. Denn Schmuggler fangen – das war eine Sache, an der man beweisen konnte, ob man ein »ganzer Kerl« war oder nicht!

Ja, das werde ich versuchen!, dachte er. *Mal sehen, wie sie dann über mich denken.*

Michael zwängte sich durch das Gebüsch hinaus und war wieder ein »Apache«.

»Endlich!«, seufzte Otto.

Er meinte den Anpfiff des Schiedsrichters für das Spiel des Jungscharlagers gegen die Dorfjugend.

Schiller, der eigentlich Egon hieß, nickte. »Es wurde Zeit, dass sie beginnen! Ich warte drauf, dass wir gewinnen.«

Mit »wir« meinte er natürlich das Lager, denn er selbst spielte nicht mit, wie auch die etwa fünfzehn anderen Jungen, die auf der Wiese saßen, der »Zuschauertribüne«.

Die »Dörfler« waren im Ballbesitz und stürmten mit einem Geschick, das man ihnen gar nicht zugetraut hatte. Michael war bei der Sache. Zwar musste er immer wieder an das Versteck oben auf dem Berg denken, doch zwang er sich zum Aufpassen. Wenn sie ihn schon in die Mannschaft aufgenommen hatten, dann wollte er wenigstens zeigen, dass er beim Fußball seinen Mann stehen konnte.

Es war in der 18. Spielminute. Ein Junge aus dem Dorf, der als Stürmer aufgestellt worden war, lief mit dem Ball auf Micki zu.

Das scheint der Gefährlichste in der gegnerischen Mannschaft zu sein, schoss es Michael durch den Kopf. *Ich muss ihn unbedingt stoppen!*

Aber das war leichter gedacht als getan.

Der Lange aus dem Dorf spielte so geschickt und so blitzschnell um Michael herum, dass der hinterher überhaupt nicht mehr wusste, wie es eigentlich geschehen war.

Micki drehte sich um und jagte ihm nach. Er wusste: Die Verteidigung war schwach.

Aber er kam schon zu spät.

Der Lange hatte zur Mitte gespielt, zwölf Meter vor dem Tor den Ball wieder angenommen und –

»Tooooor!«

1:0 für Kilianstal!

Es geschah in den folgenden Minuten bis zur Halbzeit noch einige Male, dass dieser Lange aus dem Dorf die Abwehr durchbrach. Meistens dort, wo Michael stand. Zur Halbzeit stand es 3:1.

Micki ging in die Ecke des Spielfeldes, wo sich die Jungen vom Lager sammelten. Als er ankam, hörte er gerade noch, wie Manfred vorschlug: »Lasst doch Micki und Volkmar die Plätze tauschen. Volkmar kann den Langen sicher besser bewachen.«

»Der kann gar nichts besser!«, knurrte Micki ärgerlich.

Manfred wollte die Situation retten, aber es misslang ihm: »Brauchst dich doch nicht gleich beleidigt zu fühlen!«

Micki drehte sich um und ging davon.

Nun habe ich zeigen wollen, was ich kann – und es kam genau das Gegenteil dabei heraus, dachte Michael. Der Ärger würgte ihn im Hals.

Es blieb bei der gleichen Aufstellung.

Hannes – der Jungscharleiter Johannes Seelbach – pfiff die zweite Halbzeit an.

Sofort stürzte sich Michael in den Kampf. Er wollte wiedergutmachen, was er versäumt hatte.

Gleich in den ersten Minuten gelang es ihm im Alleingang, auf dem rechten Flügel vorzustoßen. Er gab eine weite Vorlage zu Eberhard hinüber, der nur den Fuß hinzuhalten brauchte, um ein Tor zu schießen. Na also!

Die Jungen aus dem Lager bekamen neuen Mut. Sie beherrschten das Spiel auf einmal viel besser als in der ersten Halbzeit, und zehn Minuten vor Schluss konnte Hartwig den Ausgleichstreffer erzielen. Was wäre das auch für ein Spiel gewesen, wenn Hartwig nicht ein Tor geschossen hätte!

Aber dann, wenige Minuten vor dem Schlusspfiff, geschah, was nicht hätte geschehen dürfen.

Der Lange aus dem Dorf stürmte vor, um in einem letzten verzweifelten Versuch noch ein Siegtor zu schießen. *Nein, das darf nicht sein*, musste Michael die ganze Zeit denken, *das darf nicht sein!*

Er stand lauernd da, allein auf weiter Flur.

Der Lange schlug einen Haken. Micki sprang hinterher. Aber es war schon zu spät.

Wütend machte Michael einen Satz hinter dem anderen her und stieß seinen Fuß zwischen dessen Beine.

Der Junge aus dem Dorf schlug auf den Rasen.

Lang und schrill tönte die Trillerpfeife von Hannes, dem Schiedsrichter.

Am Rand des Spielfelds schrien und pfiffen alle Jungen, auch die aus dem Lager.

Michael stieg das Blut in den Kopf. Ihm war plötzlich ganz heiß und ganz schwindelig. Als wäre sie weit weg, so drang die Stimme des Schiedsrichters an sein Ohr. »... vom Platz runter. Wenn wir das durchgehen lassen ...«

Einige widersprachen.

Micki hörte auf nichts mehr. Er trottete langsam hinüber an den Waldrand und setzte sich unter einen Busch. Er wollte nichts mehr sehen und von niemandem gesehen werden.

Michael wusste nicht, wie viel Zeit vergangen war, als er plötzlich in einiger Entfernung den Langen aus dem Dorf vorübergehen sah.

Ehe er sich recht überlegt hatte, was er tat, rief er ihn. »Hallo!«

Der Junge blieb stehen. »Ach ... du!«

Er kam heran und setzte sich neben Michael. »Wolltest du was?«

»Du«, brachte Micki mühsam hervor, »entschuldige bitte ... vorhin ... weißt du ...«

»Ach, schon gut!« Der Junge winkte ab. »Es hat ein bisschen wehgetan, aber jetzt merke ich schon nichts mehr.«

Sie schwiegen.

Nach einer Weile fragte Michael: »Wie heißt du?«

»Karl, Karl Seidel.«

»Hör mal, Karl, willst du mir in einer wichtigen Sache helfen?«

»Du, ich habe eigentlich nicht viel Zeit. Ich sollte schon längst auf der Wiese sein und Heu machen.«

»Soll ich nachher mitkommen und dir helfen?«

»Gerne! Dann würde ich schneller fertig werden, und mein Vater würde sich freuen. Aber was soll ich dir denn helfen?«

»Schmuggler fangen.«

Karl Seidel wollte vor Schreck aufspringen, ließ es dann aber doch sein und beschränkte sich darauf, nur zu lächeln. »Schmuggler fangen? Du?«, erwiderte er dann doch.

»Willst du mir versprechen, nichts zu sagen, auch wenn du nicht mitmachst?«, fragte Michael.

»Ja, sicher! Ich schweige wie ein Grab!«, versprach Karl.

»Pass auf! Gestern beim Geländespiel habe ich da oben am Berg in einem großen Gebüsch ein Versteck entdeckt, in dem große Kisten standen. Wer sollte sonst da oben Kisten verstecken, wenn nicht Schmuggler?«

»Hm«, dachte Karl laut nach, »kann schon sein. Ich habe neulich in der Zeitung gelesen, dass man wieder welche sucht. Da soll zurzeit allerhand los sein.«

»Siehst du!« Michael war ganz begeistert. »Und die fangen wir! Ich stehle mich heute Nacht heimlich aus dem Lager, und dann treffen wir uns. Du bist ortskundig und kennst auch die Leute. Falls wir jemanden beobachten, können wir ihn anzeigen.«

»Tolle Idee! Ich mache mit! Hoffentlich kommen sie auch heute Nacht!«

»Wenn nicht, versuchen wir es morgen wieder.«

Karl stand auf. »Ich muss jetzt unbedingt gehen, sonst schaff ich's nicht mehr, auch wenn du mir hilfst.«

Im Zelt war es stockdunkel.

Wenn nicht das Schnarchen und Schnaufen der Jungen die kühle Nachtluft erfüllt hätte, wäre es auch ganz still gewesen.

Irgendetwas ließ Manfred nicht in Ruhe schlafen. Was es war, konnte er noch nicht feststellen, denn dazu war er nicht wach genug. Minutenlang dauerte der Kampf des Unterbewusstseins gegen den Schlaf. Endlich war er einigermaßen bei Sinnen.

Was war denn los?

Ah – er hatte keine Luft mehr!

Irgendein frecher Kerl musste ihm mal wieder den Stöpsel aus der Luftmatratze gezogen haben. *Diese dummen Streiche! Das wird sicher Micki gewesen sein! Wäre ja nicht das erste Mal!*

Ärgerlich drehte Manfred sich ein bisschen herum, und unter der leise gemurmelten Parole »Rache ist süß« versetzte er seinem Nachbarn einen kräftigen Rippenstoß.

Oder – genauer gesagt – er wollte ihm einen versetzen, traf aber nur die Luft.

Nanu!

Manfred versuchte es noch einmal. Und wieder stieß er nur in die Luft.

Irgendetwas stimmt hier nicht!

Nach dieser klugen Feststellung war Manfred endlich ganz wach. Er griff in den Rucksack an seinem Kopfende, holte die Taschenlampe heraus und knipste sie an.

Tatsächlich – Michael war weg!

Manfred schlüpfte aus seinem Schlafsack und huschte vor das Zelt.

Nichts Auffälliges war zu erkennen. Sollte Michael abgehauen sein? Heimlich?

Manfred strengte seine Augen an. Da unten, auf dem Weg zum Dorf – lief da nicht jemand?

Im Nu war Manfred wieder im Zelt und huschte zu Hartwig hinüber. Er wusste selbst nicht genau, warum er das tat, aber er meinte einfach, wenn so etwas geschah, müsste Hartwig dabei sein. Der wusste immer am ehesten, was zu tun sei.

Es war gar nicht so einfach, Hartwig wach zu bekommen. Der schlief wie ein Murmeltier.

Als er nach langem Schütteln immer noch schlief, rief er plötzlich laut: »Festhalten!« Er träumte nämlich gerade, er flöge mit einer Boeing in einen Taifun hinein.

Da aber Manfred mit seinem »stürmischen« Schütteln nicht nachließ, verwandelte sich das Flugzeug langsam in ein Zelt – Hartwig war wach.

»Was ist denn los?«

»Komm schnell, Micki ist abgehauen. Wir müssen hinter ihm her!«

Ohne weitere Worte zu verlieren, sprang Hartwig hoch und zog sich flüchtig an.

Auf einmal tönte es aus der anderen Ecke des Zeltes herüber: »Seit wann wird mitten in der Nacht bei uns so 'n schrecklicher Lärm gemacht?« Egon, der Dichter, war wach geworden.

»Frag nicht lange! Zieh dich an und komm mit!«, flüsterte ihm Manfred zu.

Wenige Sekunden später standen die drei vor dem Zelt. »Da unten habe ich ihn gesehen.«

Sie liefen den Weg hinunter.

Nach einer Weile hielt Hartwig an.

»Lasst uns lieber vorsichtiger sein! Wenn Micki uns laufen hört, braucht er sich nur im Gebüsch zu verstecken. Dann laufen wir vorbei, und er ist uns los.«

Leise und vorsichtig schlichen die drei geduckt den Weg entlang.

»Da!«

Manfred zeigte nach vorn. »Ich sehe nichts!«

»Da vorn an dem Busch!«

Tatsächlich – jetzt sahen es die anderen auch: Im Dämmerlicht stand eine Gestalt, vielleicht hundert Meter vor ihnen, da, wo dieser Pfad den breiten Weg traf, der vom Dorf zu den Almen hinaufführte.

Langsam schlichen die Jungen weiter.

Hartwig hob die Hand als Zeichen zum Stehenbleiben und wandte sich an die beiden anderen: »Jetzt erkenne ich ihn genau, er ist es!«

»Was der wohl hier draußen macht? Er steht ganz still, als würde er auf die nächste Straßenbahn warten«, flüsterte Manfred.

Egon konnte sich nicht enthalten, zu reimen: »Nein, dieser Michael! Läuft einfach quietschfidel durchs nächtliche Gefilde! Was führt er nur im Schilde?«

Manfred wisperte: »Vielleicht war er auf dem ›stillen Örtchen‹ und fand nachher nicht mehr den Weg zurück.«

»Das wäre ein starkes Stück!«, ergänzte Egon.

Doch dann schlichen sie leise noch näher heran.

Plötzlich kam Bewegung in die Gestalt vor ihnen. Michael schlenderte langsam talwärts. Bald merkten die Beobachter auch schon den Grund: Es kam ihm jemand entgegen.

»Wir müssen sofort verschwinden!«, flüsterte Hartwig und drückte sich seitlich ins Gebüsch. Die anderen folgten. Nach einigen Augenblicken sahen sie die beiden Gestalten wieder an der Wegkreuzung.

Manfred stieß Hartwig in die Seite. »Du«, zischte er, »der andere kommt mir bekannt vor.«

»Ich weiß auch, woher«, gab Hartwig zur Antwort. »Das war der lange Stürmer beim Fußballspiel heute Morgen. Karl Seidel heißt er.«

»Tatsächlich, das stimmt! Wie kommt Micki denn an den?«

»Ist jetzt egal! Wir müssen hinterher! Sie steigen bergauf.«

Die drei Verfolger huschten hinüber zur Kreuzung. Von den Verfolgten war nichts mehr zu sehen.

»Wir müssen den Weg hinauf!«

Sie stiegen den anderen nach – doch nach einigen Minuten blieb Hartwig stehen. »Wenn sie noch auf dem Weg wären, müssten wir sie eigentlich im Dämmerlicht sehen. Wahrscheinlich sind sie irgendwo abgebogen.«

»Dann werden wir lange suchen können!«

»Lasst uns umkehren! Wir fragen ihn morgen, wo er gewesen ist. Oder wir beobachten ihn weiter. Was meinst du, Egon?«

Der gab langsam zur Antwort: »Ach wär'n sie auf dem Wege bloß! Sie wär'n uns nicht entronnen! Jetzt ist die Suche aussichtslos, noch ehe sie begonnen!«

Die anderen stimmten bei.

Sie gingen langsam wieder nach Hause, schlichen in ihr Zelt und bliesen mit vereinten Kräften Manfreds Luftmatratze wieder auf. Dann legten sie sich hin, nahmen sich aber fest vor, wach zu bleiben, bis Michael zurückkäme. Doch schon nach drei Minuten waren sie eingeschlafen.

Michael blieb keuchend stehen. »Lass uns mal einen Augenblick verschnaufen!«

Sie atmeten tief durch und sahen sich dabei um.

Nach einer Weile meinte Karl: »Ich lach mich kaputt, wenn wir später feststellen, dass die Kisten etwas ganz anderes zu bedeuten haben. Vielleicht, nachdem wir zehn Nächte hier herumgekrochen sind.«

»Mach mich nicht schwach«, sagte Michael, und seine Stimme klang schon so. Etwas später fügte er hinzu: »Ich wüsste wirklich nicht, was die Kisten sonst bedeuten könnten!«

»Komm, wir gehen weiter.« Sie stiegen noch einige Hundert Meter den Berg hinauf, bis Karl plötzlich anhielt. »Weißt du, was wir nicht bedacht haben?«

»Nein, sonst hätte ich's schon bedacht.«

»Dass wir die Schmuggler in der Dunkelheit und in dem dichten Gesträuch gar nicht erkennen können.«

»Hm.«

»Das Beste wäre«, schlug Karl vor, »wenn wir uns am Rand des Weges verstecken würden, und zwar so, dass wir sie von unten gegen den Sternenhimmel sehen können, wenn sie vorbeikommen.«

»Dann musst du sie allerdings vorher herzlich einladen, da vorbeizukommen, wo du auf der Lauer liegst!«

Karl zerstreute Michaels Bedenken. »Sie werden bestimmt den normalen Weg kommen. Ich glaube kaum, dass sie die schweren Kisten unnötig querfeldein schleppen, wo doch das hier schon so weit auf deutschem Gebiet ist, dass sie mit Grenzpolizei kaum noch zu rechnen brauchen.«

»Gut«, stimmte Micki zu, »dann zeig du als Ortskundiger mir, wo wir uns auf die Lauer legen sollen.«

»Komm mit, ich weiß eine ideale Stelle!«

Zwanzig Minuten später lagen sie in einem niedrigen Buschwerk am Rande des Weges und harrten der Dinge, die da kommen sollten.

Aber es kamen keine. Keine Dinge und keine Schmuggler. Karl fing an zu frieren und träumte von seinem Bett. Michael wurde schläfrig. Um wach zu bleiben, wiederholte er in Gedanken andauernd die Zeichen des Morse-Alphabets von A bis Z.

Als er zum sechsten Mal beim F angekommen war, stieß Karl ihn in die Seite.

»Kommt da jemand?«

War wohl ein Irrtum.

Sie hatten jetzt schon so lange gewartet, dass die Schmuggler, wenn sie vor ihnen den Berg hinaufgestiegen waren, eigentlich schon hätten zurück sein müssen. Wenn sie also noch kommen sollten, konnte man sie nur noch von unten erwarten.

Da! Tritte! Ganz deutlich!

Die beiden Beobachter drückten sich tief zu Boden und spähten durch die Blätter. Das Herz schlug ihnen bis zum Hals. Sollten sie tatsächlich das Glück haben?

Gestalten tauchten auf. Als sie näher kamen, konnte man sie gegen den Himmel ziemlich deutlich erkennen.

Karl hatte den Mund an Michaels Ohr. »Ich werd verrückt!«, hauchte er. »Den kenn ich. Das ist der Schönberger aus der Metzgerei. Und den nächsten kenne ich auch, ich weiß nur nicht, wie er heißt. Aus dem Nachbardorf.«

Michael lauschte und schaute sich fast die Augen aus dem Kopf, fiebernd vor Aufregung.

»Den Dicken kenne ich nicht. Und ...«

Michael hörte nichts mehr.

Die Männer waren verschwunden. Micki drehte sich zu Karl um. »Was hast du denn? – He, Karl! Ist dir nicht gut?«

Karl lag reglos im Gras und hatte das Gesicht auf der Erde.

Michael bekam es mit der Angst zu tun. Er schüttelte seinen neuen Freund und versuchte, ihn umzudrehen. »Karl, was ist?«

Dann hob Karl den Kopf, und Michael konnte trotz der Dunkelheit sehen, dass er ganz bleich war.

»Karl, nun sag doch etwas!«

Karl blickte Michael an und stieß langsam hervor: »Der letzte ... war ... mein Vater.«

Dann fing er an, still vor sich hin zu weinen.

Michael saß erschüttert und verlegen dabei. So verbrachten sie einige Minuten nebeneinander, ohne etwas zu sagen oder zu tun.

Dann brach Karl das lange Schweigen: »Lass uns gehen!« Schon stand er und eilte davon. Michael hatte Mühe, hinterherzukommen.

Die ganze Strecke legten sie in wenigen Minuten zurück. Mehrmals stolperte einer im Dunkeln über einen

Stein oder über eine Wurzel, raffte sich aber immer wieder auf. Kein Wort wurde gesprochen.

An der Wegkreuzung, wo es zum Lager ging, rief Karl nur »Gute Nacht!« über die Schulter und ging weiter.

Michael lief hinterher. »Nun warte doch mal, Karl! Wir müssen überlegen, was wir jetzt tun sollen!«

»Was gibt es da zu überlegen?«, erwiderte Karl mit trockener Stimme. »Du erledigst das morgen mit der Anzeige. Du verstehst sicher, dass ich es nicht selber tun will.«

»Aber warum denn, Karl? Wir brauchen doch überhaupt nichts zu sagen! Wir allein haben die Schmuggler gesehen! Da braucht doch gar nichts rauszukommen!«

Karl stand schweigend da. Von seinem Gesicht konnte Michael nichts erkennen.

Plötzlich trat er näher. »Du willst über alles schweigen, Michael? Das willst du für mich tun? Du wolltest sie doch so gerne fangen, um vor deinen Kameraden ...«

»Quatsch mit Soße!« Michael stellte fest, dass so ein kraftvoller Jungenausdruck ungemein erleichternd sein konnte. »Ich wollte damit gerne beweisen, dass ich ein ›ganzer Kerl‹ bin. Aber wenn ich deinen Vater anzeige, würde ich genau das Gegenteil beweisen.«

Einige Augenblicke standen beide schweigend da. Dann reichte Michael Karl seine Hand hin.

Karl drückte sie fest und sagte: »Danke!«

Michael antwortete nur: »Gute Nacht, Karl!«

Dann trennten sie sich.

Nach einigen Schritten rief Michael Karl in die Finsternis nach: »Karl, bist du morgen wieder auf der Wiese?«

»Ja.«

»Ich komme und helfe dir.«

Dann hatte die Dunkelheit die beiden verschluckt.

MANFRED MACHT EINEN FEHLER

Eine Horde von 25 oder 30 Jungen schlenderte lärmend durch die Dorfstraße.

Von den bunten oberbayrischen Häusern mit den hölzernen Balkonen hallte das helle Lachen zurück.

Ein älterer Herr, dem man ansah, dass er sich hier erholen wollte, drückte sich in den Zwischenraum von zwei Häusern. Er wollte die wilde Bande vorbeilassen, ohne Schaden zu nehmen.

Einer der Jungen lief ein Stück rückwärts, um einen der folgenden Jungen mit seinem Gummiring zu beschießen. Dabei rannte er gegen ein junges Paar, das anscheinend auf Hochzeitsreise war.

Um einen in allen Farben prangenden Zeitungskiosk sammelte sich eine Traube Jungen. Die dicke Verkäuferin, von der man zwischen den vielen Zeitschriften gerade noch das Gesicht sehen konnte – und eben die Tatsache, dass sie dick war –, diese Verkäuferin freute sich, in ihren großen Bestand an Micky-Maus-Heftchen endlich eine Bresche schlagen zu können.

Allmählich trottete die Schar weiter. Nur einer der Jungen blieb stehen. »Die Zeitung möchte ich gerne!«

»Ja ... bitte ... macht 1,50 Euro.«

Manfred bekam einen Schreck, dachte im Stillen: *Was? So teuer?*, und bezahlte – denn das war ihm die Sache wert. Er hatte bei dem ausgehängten Exemplar einen Artikel gesehen, der ihn interessierte.

Während die schwatzende Schar allmählich verschwand, setzte Manfred sich auf eine Bank und begann zu lesen:

»... Wie die Polizei mitteilt, sind in der letzten Zeit wieder Schmuggler am Werk. Trotz verschärfter Bewachung der deutsch-österreichischen Grenze muss es in den vergangenen Monaten einer oder mehreren Gruppen gelungen sein, ein ausgeklügeltes System der geheimen Verständigung und des Transportes von zollpflichtigen Waren über die Grenze aufzubauen. Die Bevölkerung wird bei der Fahndung nach den Schmugglern um Mithilfe gebeten. Sachdienliche Hinweise nimmt jede Polizeidienststelle entgegen.«

Manfred ließ die Zeitung sinken und dachte nach. Es war zwar ein etwas peinlicher Gedanke – aber durchaus möglich. Was hatten Karl und Michael gestern Nacht auf dem Berg zu tun? Sicher konnte so etwas nicht von Micki ausgegangen sein. Aber dieser Karl Seidel hatte sich ihn vielleicht als Helfer verpflichtet.

Wahrscheinlich war Karl auch nur ein Einzelner in einer größeren Schmugglerorganisation.

Was tun?

Während Manfred langsam die Zeitung zusammenfaltete, stellte er sich vor, was dort wohl stehen würde, wenn sich sein Verdacht bewahrheiten sollte. Vielleicht dies: »Schmugglerbande gefangen! 12-jähriger Junge half der Polizei auf die Spur. Kilianstal. Dem Teilnehmer eines Jungschar-Zeltlagers in Kilianstal, Manfred Hertz, verdankt die Polizei ...« und so weiter.

Das würde sich ganz gut machen!

Wie sie dann im Lager zu ihm aufsehen würden!

Eine Weile kämpfte Manfred mit sich selbst. Dann stand er auf und sprach einen älteren Herrn an: »Entschuldigen Sie bitte! Wo ist hier die Polizei?«

Im Lager war Mittagsruhe.

Einige der Jungen schliefen in ihren Zelten. Andere lagen im Gras und lasen.

Zwei oder drei eifrige schrieben nach Hause, alle ungefähr das Gleiche auf einer Ansichtskarte: »Liebe Eltern! Mir geht es gut. Das Wetter ist schön. Gestern haben wir gegen Kilianstal unentschieden gespielt. Ich habe erst vier Euro ausgegeben. Vergesst nicht, meine Fische zu füttern. Viele Grüße, Euer ...«

Zwei Jungen lagen sich auf dem Bauch gegenüber und spielten Schach.

Die brütende Sonnenhitze und die ungewohnte Stille machten schläfrig.

Ein langsam lauter werdendes Motorengeräusch ließ einige Köpfe müde ins Tal hinunterblicken.

Ein dunkelgrüner VW kroch den Weg herauf. Es war ein Polizeiauto. Der Wagen hielt an der Wegkreuzung. Zwei Beamte stiegen aus und kamen den Pfad zum Lager herauf.

Hazweio, mit bürgerlichem Namen Franz Kuhlmann, stand auf. Er hatte etwas abseits gesessen und sich für die Abendandacht vorbereitet.

Als die Polizisten nahe genug herangekommen waren, rief er ihnen zu: »Nun, was führt die Hüter des Gesetzes zu uns herauf? Haben meine Schützlinge ein Getreidefeld zertreten oder einen Waldbrand entfacht?«

Die Beamten blickten ernst. Franz Kuhlmann war das unheimlich.

»Sind Sie der Leiter des Zeltlagers?«

»Ja! Franz Kuhlmann!«

»Sehr angenehm! Äh ... wir hätten etwas mit Ihnen zu besprechen.«

»Gerne«, erwiderte der Lagerleiter. »Leider kann ich Ihnen keinen besseren Platz anbieten als diesen Baumstamm.«

Sie setzten sich.

»Also, es ist Folgendes«, begann der eine der beiden Beamten. »Heute Vormittag war einer der Jungen aus Ihrem Zeltlager bei uns auf dem Polizeirevier, Manfred Hertz.«

»Ach!«, war das Einzige, was Hazweio dazu sagen konnte. Im Lager waren inzwischen alle aufmerksam geworden und blickten neugierig hinüber.

»Dieser Junge hat zu Protokoll gegeben«, fuhr der Beamte ernst fort, »er sei in der vergangenen Nacht aufgewacht und habe bemerkt, dass ein anderer ... Augenblick mal ...«, er holte ein Papier aus der Tasche und entfaltete es sorgfältig auf seinen Knien, »... ein gewisser Michael Stöhr verschwunden sei. Mit zwei anderen habe er ihn gesucht und schließlich entdeckt. Zusammen mit Karl Seidel, einem 13-jährigen Schüler aus Kilianstal, sei dieser Michael den Berg hinaufgestiegen, in Richtung der österreichischen Grenze.«

Franz Kuhlmann konnte das alles nicht fassen und nur noch den Kopf schütteln.

»Natürlich nahmen wir den Versuch des Jungen, die beiden als Schmuggler hinzustellen, nicht sehr ernst. Aber Sie verstehen, dass es unsere Pflicht ist, jedem Hinweis nachzugehen. Das haben wir auch getan. Wir waren in dem Haus, das der erwähnte Karl Seidel mit seinem Vater allein bewohnt – die Mutter ist verstorben. Was wir dort fanden, hat uns selbst sehr erstaunt: In einem ehemaligen Hühnerstall standen einige Kisten, die wir mit Gewalt aufbrechen mussten – voller Schmuggelwaren von eindeutiger Herkunft.«

Hazweio war etwas blass geworden und blickte stumm vor sich ins Gras.

»Natürlich haben wir unsere Zweifel«, fuhr der Polizist fort, »ob Jungen in dem Alter bei einer Schmugglerbande beteiligt sein können. Aber Sie werden verstehen, dass wir der Sache auf den Grund gehen müssen. Deshalb müssen wir bitten, dass Michael Stöhr zur weiteren Untersuchung des Falles mit auf die Wache kommt.«

Eine Weile war es still.

Dann stand Franz Kuhlmann auf. »Ja«, sagte er langsam, »dann will ich ihn rufen.«

Er ging hinüber ins Lager und kam nach einigen Minuten mit Michael zurück.

»Michael Stöhr?«, fragte der Beamte.

Michael nickte.

»Komm bitte mit uns. Es passiert dir nichts. Wir haben nur einiges zu fragen.«

Die beiden Beamten nahmen Micki zwischen sich und schritten den Weg hinunter zu ihrem Auto.

Die Bandsäge kreischte und dröhnte.

Willi Seidel, Karls Vater, blickte konzentriert auf den Punkt, an dem sich das Band durch die Spanplatten fraß, die er mit seinen kräftigen Händen festhielt.

Da tippte ihm jemand auf die Schulter.

Willi Seidel schüttelte nur ärgerlich den Kopf.

Sein Arbeitskollege hielt seinen Mund an Willi Seidels Ohr und brüllte: »Du sollst ans Telefon kommen!«

Herr Seidel führte das Band vorsichtig in seiner Bahn zurück, schaltete die Maschine ab und lief hinüber in die Kabine des Meisters.

Der Meister blickte kaum von seiner Zeichnung auf und deutete nur stumm auf das Telefon.

»Seidel.«

»Hier Ortspolizei. Herr Seidel, wir haben Ihnen etwas Unangenehmes mitzuteilen.«

Herr Seidel fühlte so etwas wie einen Fieberschauer den Rücken herunterlaufen.

Die Stimme aus dem Hörer fuhr fort: »Durch verschiedene Umstände, die ich am Telefon nicht erklären möchte, steht Ihr Sohn im Verdacht, für eine Schmugglerbande zu arbeiten ...«

Willi Seidel wurde es fast schwindelig. Er stützte sich schwer auf den Schreibtisch. Seine Gedanken jagten sich, während er wie aus weiter Ferne den Beamten sagen hörte:

»Er ist beobachtet worden. Aber sicher ist das alles noch nicht. Am besten wäre es, wenn Sie jetzt gleich mal kommen könnten. Ihr Meister ist bereits informiert, dass ich Sie herbitten möchte. Also ... wir warten auf Sie! – Hallo, hören Sie?«

»Äh ... ja, ja, ich komme«, stammelte Herr Seidel und legte auf.

Einige Sekunden stand er stumm und reglos da.

Der Meister blickte auf. »Ja, ist immer unangenehm, wenn man mit der Polizei zu tun bekommt, nicht wahr? Aber es wird ja nicht so schlimm sein. Worum geht es denn? Verkehrsdelikt? Oder als Zeuge?«

Willi Seidel sagte nur »Nein« und ging.

Er wusch sich langsam und zog sich um, ohne sich bewusst zu sein, was er tat. Seine Gedanken waren woanders. Dann verließ er mit schweren Schritten das Fabrikgelände und wandte sich dem Dorf zu.

Eine Telefonzelle war das Erste, was seine Gedanken wieder in die Gegenwart brachte.

Ich werde Jupp Schönberger anrufen!, dachte er.

Zwei Münzen fielen in den Kasten. Willi Seidel wählte.

»Schönberger.«

»Hier ist Willi. Ist bei dir etwas passiert?«

»Nein, wieso?«

»Ich bin eben von der Polente angerufen worden und

nun auf dem Weg dorthin. Aber seltsamerweise haben sie gesagt, mein Sohn, der Karl, stände unter Verdacht. Er wäre sogar gesehen worden.«

»Du, das ist eine Finte!«

»Ich glaube nicht! Ich habe mir das überlegt: Wenn sie wirklich mich verdächtigen, würden sie gleich persönlich kommen und mich nicht telefonisch rufen und dabei von Schmuggelei reden. Da laufen sie ja Gefahr, dass ich ihnen durchbrenne. Wenn ich doch bloß nicht auf euch gehört und das Zeug zunächst bei mir versteckt hätte! Das habe ich nun davon – ausgerechnet jetzt!«

»Was willst du nun tun, Willi?«

Eine Weile bekam der andere keine Antwort. Dann sagte Willi Seidel: »Wenn sie als Beweis die Sachen in unserem Hühnerstall haben, bleibt mir wohl nichts anderes übrig, als es zuzugeben.«

»Du bist verrückt!«

Willi wurde ärgerlich. »Dann sag mir, was ich sonst machen soll!«

»Leugnen, solange es geht! Wenn sie sagen, dein Junge wäre unter Verdacht, dann beweist das nur, dass sie nicht viel wissen!«

»Meinst du, ich lasse den Jungen drin sitzen, damit ich mich raushalten kann? Nein! So viel Anstand habe ich noch ...«

»Willi, hör mal her! So ein Kind bekommt doch keine Strafe. Höchstens ein bisschen Kuraufenthalt in einem Heim. Wenn es sich dort gut benimmt, ist nachher wieder alles im Lot. Wenn du aber uns alle reinziehst, vernichtest du unsere Existenz und ...«

Willi legte wütend auf. Dann machte er sich wieder auf den Weg.

Er hatte noch weit zu gehen.

Nach etwa zehn Minuten überholte ihn ein Auto und blieb vor ihm stehen. Jupp Schönberger und der dicke Max Kruse stiegen aus und kamen auf ihn zu.

»Du, Willi«, begann Jupp, »lass uns doch mal in Ruhe darüber sprechen!«

»Lasst mich gehen! Ich werde mein Kind nicht verkaufen!«

Max mischte sich ein: »Darum geht's doch gar nicht, Willi! Wir müssen jetzt nur überlegt handeln.«

»Ja!«, ergänzte Jupp. »Meinetwegen stell dich der Polente. Aber wir sollten doch wenigstens überlegen, welche Sicherungsmaßnahmen wir vorher noch ergreifen können!«

»Was sollen wir da schon für Sicherungsmaßnahmen ergreifen?«, fragte Willi zweifelnd.

»Komm, wir setzen uns ins Auto«, schlug Max vor, »da sind wir sicherer, dass uns keiner hört.«

»Meinetwegen«, knurrte Willi und stieg nach Max in den Wagen.

Jupp ließ sich auf den Fahrersitz fallen.

»Ich würde Folgendes vorschlagen«, sagte Jupp Schönberger, holte eine Blechbüchse aus dem Handschuhfach und schraubte sie auf.

Max packte plötzlich Willis Arme und drehte sie hinter die Lehne.

Jupp zog blitzschnell ein Tuch aus der Büchse und presste es Willi ins Gesicht.

Willi zappelte und versuchte sich zu wehren. Aber sein Widerstand dauerte nur Sekunden. Dann wurde er schwächer und schwächer, bis er auf seinem Sitz schlapp zusammenfiel.

Max lachte. »Was so ein Metzger alles für Mittelchen kennt!«

Jupp brummte: »Es musste sein!«, ließ den Motor an und fuhr davon.

Franz Kuhlmann und Johannes Seelbach, die beiden Lagerleiter, kamen aus ihrem Zelt gekrochen.

»Weitersagen: Wir sammeln uns an der Feuerstelle.«

Fünf Minuten später saßen alle Jungen des Lagers auf den Baumstämmen und Holzklötzen, die im Kreis um die

Stelle angeordnet waren, an der sie abends regelmäßig das Feuer anzündeten.

»Ihr habt alle gesehen, was vorhin geschehen ist«, begann Franz Kuhlmann. »Damit es kein unnötiges Raten, Munkeln und Verdächtigen gibt, wollen wir euch offen erklären, worum es geht. Ihr wisst, dass ich ein Feind aller Heimlichkeiten bin.«

Die Jungen saßen so still auf ihren verschiedenen Sitzgelegenheiten wie sonst selten und lasen ihrem Leiter jedes Wort vom Mund ab.

»Michael ist vorhin von zwei Polizisten mitgenommen worden. Damit hat es Folgendes auf sich: Einer von uns hat ihn in der letzten Nacht beobachtet, wie er zusammen mit Karl Seidel, dem langen Fußballspieler aus dem Dorf, den Berg hinaufging. Durch verschiedene Umstände glaubt die Polizei, ihn der Schmuggelei verdächtigen zu können. Zum Beispiel soll im Garten von Karl Seidel Schmuggelgut entdeckt worden sein.«

Ein Raunen und Murmeln ging rund um die Feuerstelle.

»So weit zur Information. Nun noch zwei Dinge: Unter uns ist der, der Michael beobachtet und gemeldet hat. Ich stelle ihm frei, ob er verborgen bleiben oder sich offen zu dem stellen will, was er getan hat.«

Alle blickten schweigend in die Runde.

Manfred schluckte. Er sah starr vor sich ins Gras und dachte immerfort: *Nur nicht rot werden!* Aber das nützte nichts. Er merkte, wie ihm das Blut ins Gesicht schoss.

Seltsam – niemand schien es zu merken.

Glücklicherweise redete Hazweio jetzt weiter. »Ich stelle also fest, dass der Betreffende es vorzieht, geheim zu bleiben. Zweitens: Wenn Michael zurückkommt, behandeln wir ihn genauso wie vorher! Klar?«

Nicken rundum.

»Ich persönlich glaube«, fuhr Franz Kuhlmann fort, »dass Micki völlig unschuldig ist! Was ihr glaubt, ist eure Sache. Darauf will ich keinen Einfluss nehmen.«

Johannes Seelbach stand auf und bestätigte seinem Freund: »Ich bin ebenfalls von Michaels Unschuld überzeugt!«

Einige murmelten: »Ich auch!«

Hazweio sagte: »Wir gehen jetzt auf den Platz und machen unser Turnier weiter.«

Alle standen auf, noch etwas scheu.

Aber allmählich kam wieder das gewohnte Leben in die Schar, und bald tobte man wie vorher ausgelassen über den Rasen.

Nur Manfred schlich merkwürdig geknickt zu den Zelten hinüber. Hartwig und Egon, der Dichter, standen zusammen und sahen ihm nach. Nach einer Weile des

Schweigens reimte Egon: »Mensch, du, ich fress 'nen Besen! Der Manfred ist's gewesen!«

»Sollen wir ihn fragen?«

Egon nickte. Sie gingen hinüber und fanden Manfred in seinem Zelt. Er lag auf der Luftmatratze und starrte auf einen unsichtbaren Punkt hinter der Zeltdecke.

Als die beiden eintraten, drehte er sich zur Seite. Hartwig und Egon setzten sich neben ihn.

Nach einiger Zeit unterbrach Hartwig das Schweigen: »Sag mal, Manfred, warum hast du das getan?«

Keine Antwort.

»Wenn du nichts sagst, machst du die Sache nicht besser!«

Schweigen.

»Sag was, Manfred! Warum hast du nicht wenigstens zuerst mit uns gesprochen? Warum überhaupt ...?«

Nach einer Weile knurrte Manfred: »Weiß nicht.«

»Aber du musst doch wissen, was du tust! Was hast du dir denn dabei gedacht?«

»Lasst mich in Ruhe!«

Hartwig ließ nicht locker. »Manfred, glaubst du wirklich, dass Michael ein Schmuggler ist?«

Manfred drehte sich plötzlich herum. »Ja, es war verkehrt, dass ich es tat, meinetwegen. Aber ich will jetzt nicht dauernd Vorwürfe hören.«

»Wir wollen dir doch keine Vorwürfe machen! Nur ... wenn das wieder in Ordnung kommen soll ...«

Manfred unterbrach ihn. »Hör auf mit deinen frommen Sprüchen! Ich weiß schon, was du willst! Beten ... und so! Ich brauche das nicht! Ich bringe die Sache schon wieder selbst in Ordnung.«

Egon schaltete sich ein, und zwar ganz gegen seine Gewohnheit in Prosa: »Manfred, so abweisend bist du noch nie gewesen! Was ist denn mit dir los?«

»Außerdem«, ergänzte Hartwig, »wie willst du hier etwas in Ordnung bringen?«

Darauf wusste Manfred nichts zu erwidern.

Hartwig merkte, dass die Frage »gesessen« hatte, und wiederholte sie noch einmal: »Was willst du denn hier wiedergutmachen – und wie?«

Manfred ärgerte sich und fühlte sich zu Widerspruch gereizt. »Das geht euch nichts an! Ich weiß schon, was ich zu tun habe. Und wenn ich die richtigen Schmuggler fangen müsste, um Michaels Unschuld zu beweisen!«

Seine beiden Freunde fingen laut an zu lachen.

Das machte Manfred nur noch wütender. Er stand auf, verließ das Zelt und eilte mit schnellen Schritten fort.

Die beiden sahen erstaunt hinterher und wussten nicht, ob sie lachen, sich ärgern oder Mitleid haben sollten.

Einige Zeit später standen sie vor Hazweio und Hannes und berichteten ihnen alles. Angefangen von dem nächtlichen Ausflug bis hin zu Manfreds Reaktion, der nun die Schmuggler auf eigene Faust fangen und damit wiedergutmachen wollte, was er verdorben hatte.

Franz blickte hinunter ins Tal, wo Manfred schon seit einiger Zeit verschwunden war, und fragte: »Warum habt ihr ihn denn nicht zurückgehalten?«

»Wir dachten, er wird schon von selbst wieder zur Vernunft kommen.«

Hannes meinte: »Wir können ihn nicht einfach laufen lassen!«

Hazweio bestätigte: »Nein, wir müssen ihn zurückholen. Aber jetzt sollten wir uns erst mal um die anderen kümmern. Ich werde nachher gehen, wenn ihr Abendbrot esst. Dabei kann ich dann gleich mal sehen, ob die Polizei uns unseren Michael wieder ausliefert.«

DIE DICKE FRAU HEBBELHOLZ

Der Beamte sah die beiden Jungen streng an. »Ihr seid jetzt zunächst entlassen: Ich mache euch aber darauf aufmerksam, dass ihr den Ort und die Umgebung von Kilianstal nicht ohne unsere Erlaubnis verlassen dürft! Ihr müsst für uns erreichbar bleiben. So, jetzt verschwindet!«

Die Jungen standen auf und verließen den Raum.

Ein anderer Beamter sagte: »Vielleicht hätten wir den Karl Seidel doch noch mehr ausquetschen sollen. Er ist schließlich zunächst der einzige Anknüpfungspunkt für uns.«

Der erste Beamte erwiderte: »Was soll man denn machen, wenn der Bengel nicht spricht? Schließlich haben wir die Folterkammern bereits seit einigen Jahrhunderten abgeschafft.«

»Hm ... sicher ... hm.«

»Wir müssen jetzt eine Fahndungsaktion nach dem Vater starten. Ich ahne, dass er mehr von der Sache weiß. Sonst wäre er gekommen oder wäre wenigstens an seiner Arbeit geblieben. Da er aber weder hier noch im Betrieb, noch zu Hause ist, hat er sich verdächtig gemacht.«

»Wir hätten ihn gleich greifen sollen, statt ihn nur telefonisch herzubestellen. Sicher, wir mussten zunächst den Sohn verdächtigen, weil er gesehen worden war. Aber dass der Vater damit zu tun hatte, war doch naheliegend.«

»Ich habe daran längst gedacht. Aber ich glaubte ihn sicher zu haben. Kein vernünftiger Mensch, der bei kleineren Sachen ertappt wird, flieht, wenn er weiß, dass er der Polizei bekannt ist. Das ist doch zwecklos! Zumal er Haus und Sohn zurücklassen musste.«

»Wenn wir nur wüssten, wo wir den ... Herein!«

Die Antwort auf die unausgesprochene Frage bahnte sich an, als eine auffallend dicke Frau hereintrat, deren Körperfülle durch ihren bunten Küchenkittel noch betont wurde.

»Guten Abend!«, rief sie mit einer Stimme, als wollte sie ein ganzes Fußballstadion voller Leute begrüßen.

»Ach, Frau Hebbelholz! Nun, was führt Sie zu uns?«

»Etwas sehr Wichtiges, Herr Kommissar, etwas sehr Wichtiges!«, brüllte die Dame und ließ sich unaufgefordert auf einem Stuhl nieder, der beängstigend ächzte.

»So? Na, dann flüstern Sie mal los!«, lächelte der Kommissar.

Frau Hebbelholz fing mit einer Klangfülle an, die ihre Körperfülle noch weit übertraf. »Es hat sich ja schon herumgesprochen, Herr Kommissar, dass Sie den armen Karl verdächtigen, er würde schmuggeln. Also wissen Sie, wenn Sie sich nicht schämen, so 'nen kleinen Jungen ...«

»Wenn ich mal unterbrechen darf«, störte der Beamte ihren donnernden Redefluss, »wir verdächtigen ihn ja gar nicht! Erstens brauchen wir Polizisten Ihnen über unsere einzelnen Maßnahmen keine Rechenschaft zu geben. Zweitens möchte ich aber zu Ihrer Beruhigung sagen, dass wir den Karl ganz vorsichtig behandelt haben, obwohl er sich bockig gestellt und kein Wort gesagt hat. Wir hätten ihn ja auch hierbehalten können, statt ihn wieder auf freien Fuß zu setzen!«

Frau Hebbelholz war gerührt. »So«, dröhnte sie, »dann bin ich doch sehr beruhigt! Ich habe mich also nicht getäuscht, wenn ich gesagt habe: Die Polizei, so habe ich immer gesagt, das sind alles herzensgute Menschen. Die müssen nur immer streng sein, das gehört zu ihrem Beruf.«

»Schön«, sagte der Kommissar und nahm den Finger aus dem Ohr, den er heimlich hineingesteckt hatte, um seine Nerven zu schonen. »Es ist sehr beruhigend für uns, liebe Frau Hebbelholz, dass Sie so von uns denken. Aber darf ich mal fragen: War es der einzige Zweck Ihres Kommens, sich von unserer Seelengüte zu überzeugen?«

»Nein, nein!«, schallte ihre Antwort wie die Posaunen von Jericho. »Ich habe Ihnen etwas Wichtiges zu melden! Hören Sie zu!«

Um das tun zu können, rückten die Beamten mit ihren Stühlen etwas zurück. Frau Hebbelholz bemerkte es und rückte nach. »Heute Nachmittag hat Herr Seidel bei uns angerufen! Ich sollte Karl Bescheid sagen und auch Ihnen, wenn Sie nach Herrn Seidel fragen, er wäre zu einem befreundeten Rechtsanwalt gefahren. Den wollte er holen, damit er beweist, dass der Karl unschuldig ist. Ich habe ja auch gesagt, er ist unschuldig, er ist immer so nett und hilft mir manchmal beim Holzhacken ...«

»Frau Hebbelholz, können Sie vielleicht wörtlich wiederholen, was er gesagt hat?«

»Na, ich hab's Ihnen doch eben gesagt!« Die Empörung ließ ihre Stimme noch lauter werden.

»Ich meine«, wagte der Kommissar zu erwidern, »ob Sie es auch noch ganz genau, Wort für Wort, wiederholen können!«

»Hören Sie mal!«, sagte Frau Hebbelholz völlig überflüssigerweise. »Was Sie alles verlangen! Sie sollten froh sein, dass ich gekommen bin, wo er doch gesagt hat: ›Nur wenn sie nach ihm fragen ...‹, und wo ich schon so wenig Zeit habe, weil ich das Essen für meinen Mann ...«

»Nichts für ungut, Frau Hebbelholz! Vielen Dank, dass

Sie sich die Mühe gemacht haben, extra herzukommen! War wirklich nett von Ihnen!«

Frau Hebbelholz war wieder gerührt. »Na ja, lassen Sie mal! Man hilft doch gerne, wenn man kann.« Sie erhob sich. »So, dann bin ich hier wohl nicht mehr nötig?« Sie stand schon in der Tür.

»Einen Augenblick, Frau Hebbelholz!«

»Ja, bitte?«, posaunte sie aus dem Türrahmen noch einmal zurück.

»Weiß Karl von dem Anruf?«

»Ja, sicher! Ich traf ihn eben auf dem Herweg und hab's ihm gleich erzählt.«

»So ... hm ... na ja. Vielen Dank, Frau Hebbelholz, und auf Wiedersehen!«

»Auf Wiedersehen!«, wünschte diese im Hinausgehen. Es klang wie der Schlussakkord in Beethovens Eroica.

Karl und Michael saßen in Seidels Wohnzimmer. Beide überlegten.

»Eins ist klar«, sagte Karl, »lange werden wir die Wahrheit nicht mehr verheimlichen können.«

Micki wollte widersprechen, schwieg dann aber doch, denn er wusste nur zu genau, dass Karl recht hatte.

Der fuhr fort: »Jedenfalls danke ich dir, dass du so lange geschwiegen ...«

Michael winkte ab. »Lass doch! Jetzt müssen wir überlegen, was wir weiter tun können.«

»Nichts! Höchstens warten!«

Sie schwiegen vor sich hin.

»Wenn ich nur wüsste«, begann Karl von Neuem, »wo mein Vater jetzt hingefahren ist. Einen befreundeten Anwalt haben wir doch gar nicht, jedenfalls kenne ich keinen.«

Michael wusste nichts zu antworten, und so schwiegen beide.

Plötzlich klingelte es.

Die Jungen sahen sich erstaunt an, dann stand Karl auf und öffnete.

Draußen stand ein Junge, den er vom Fußballspiel her kannte.

»Guten Abend, Karl. Ich bin Manfred. Ist vielleicht Michael bei dir?«

»Ja, komm ruhig rein!«

»Nein, ich wollte eigentlich nur zu dir!«

»Warum denn? Du kannst trotzdem reinkommen. Ich habe vor Michael keine Geheimnisse.«

Manfred blieb nichts anderes übrig, als einzutreten.

»Du, Manfred?« Michael war erstaunt. »Willst du was von Hazweio ausrichten?«

»Nein.«

Manfred setzte sich. Er druckste herum und wusste nicht, wie er anfangen sollte.

Michael kam ihm entgegen und fragte: »Was reden sie denn jetzt da oben von mir?«

»Sie sind alle fest davon überzeugt, dass du unschuldig bist!«

»So? Wirklich?«

»Ja! Bestimmt!«

Michael sagte verbissen: »Einer aus dem Lager muss anderer Meinung sein. Keiner weiß sonst von meiner Verbindung mit Karl. Und keiner im Dorf kennt meinen Namen und hätte ihn der Polizei angeben können.« Michael sah auf den Teppich.

Eine Minute lang sagte niemand etwas.

Auf einmal kam es aus Manfred heraus: »Ich war's!«

Michael fuhr von seinem Sitz hoch.

Lange blickte er auf Manfred, der nicht aufzusehen wagte. Dann setzte er sich schweigend wieder hin.

Karl mischte sich ein: »Kommst du jetzt, um dich zu entschuldigen?«

Eigentlich war Manfred ja nicht gekommen, um sich zu entschuldigen, aber als es ihm nun so hingeschoben wurde, konnte er doch nicht so leicht bei seinem Stolz bleiben. »Ich weiß, es war ... es war gemein. Ich glaube jetzt auch selbst nicht mehr daran. Und ... äh ... ich möchte das gerne wiedergutmachen.«

»Quatsch!«, knurrte Michael. »Da ist nichts wiedergutzumachen!«

»Ich dachte, wenn ich helfe, die richtigen Schmuggler zu fangen ...«

Karl und Michael sahen sich an.

Michael fragte: »Wie kommst du denn auf so eine verrückte Idee? Hast du eine Spur?«

»Nein ... aber ich dachte, ihr hättet vielleicht eine.« Manfred wandte sich zu Karl: »Wegen der Sachen in eurem Garten. Ich dachte, dass ihr nun alles tun wolltet, um den Verdacht von euch abzulenken. Und vielleicht kann ich dabei etwas helfen.«

Die beiden anderen sahen sich wieder vielsagend an. Dieser Manfred war im Begriff, einen zweiten Fehler zu begehen, diesmal sogar in guter Absicht.

Aber wie sollten sie ihm nur klarmachen, dass ihnen ganz und gar nichts daran lag, die echten Schmuggler überhaupt zu fangen?

»Wir haben auch keine Spur!«, brummte Karl ärgerlich. »Und wie das Zeug in unseren ehemaligen Hühnerstall gekommen ist, kann ich auch nicht sagen.«

»Was sagt denn dein Vater dazu? Man muss doch einen Anhaltspunkt finden können, wenn fremde Leute in eurem ...«

»Mein Vater ist nicht da!«

Manfred wollte fragen, wo er denn sei, aber er schluckte die Frage hinunter. Er merkte an dem knappen Ton der beiden, dass sie ihm nicht gerne Auskunft gaben.

Michael wechselte das Thema. »Wenn du wieder in das Lager kommst, dann sag bitte Hannes und Hazweio, dass ich hier bei Karl bleibe, vorläufig jedenfalls, solange ich noch nicht völlig vom Verdacht befreit bin. Ich habe keine Lust, von allen wie ein Betrüger angestiert zu werden!«

Es klingelte.

Karl öffnete, und eine Sekunde später stand die gewichtige Frau Hebbelholz im Wohnzimmer.

»Ach, da ist ja noch so ein süßer, kleiner Bengel!«, dröhnte ihre Donnerstimme.

Nachdem Manfred sich von seinem Schreck über das laute Organ erholt hatte, fand er es beleidigend, »süßer, kleiner Bengel« genannt zu werden, aber er sagte nichts.

»Ich wollte euch beide zum Abendessen einladen. Ihr müsst doch etwas in den Magen bekommen, ihr armen kleinen Schmuggler! Hahaha, ihr kleinen Schmuggler!«

Den Gedanken, dass die zwei süßen, kleinen Bengel Schmuggler sein sollten, fand sie offenbar so lustig, dass sie laut herauslachte.

»Also, ihr kommt gleich rüber!«, brüllte sie noch in einem Ton, der schon allein der Lautstärke wegen keinen Gedanken an Widerstand aufkommen ließ.

Sie verschwand.

»Ich gehe dann auch«, sagte Manfred, stand schnell auf und ließ die beiden anderen allein zurück.

Es gab einen guten Grund für seine Eile.

Ihm war nämlich der Gedanke gekommen, dass die lautstarke Nachbarin, die offenbar mit der Familie Seidel in Verbindung stand, ihm bei der Klärung dieser seltsamen Situation behilflich sein könnte.

Manfred eilte hinter der dicken Frau her und erreichte sie gerade noch rechtzeitig, ehe sie hinter ihrer Haustür verschwinden konnte.

»Frau ... äh ...!«, sprach er sie an.

»Hebbelholz!«, ergänzte die Nachbarin. »Hast du einen Wunsch, mein Junge? Möchtest du auch bei mir essen? Kannst du gerne tun!«

»Nein, nein, ich ... also ... ich habe keinen besonderen Wunsch! Ich wollte nur ... also ... das ist doch komisch, dass die Jungen als Schmuggler verdächtigt werden!«

»Allerdings!«, empörte sich Frau Hebbelholz erneut. »Das ist nicht nur komisch, das ist einfach unerhört!«

Manfred befürchtete, Karl und Michael würden die gewaltige Stimme der Frau hören, und das durfte nicht sein. Er bat darum freundlich: »Frau Hebbelholz, ich höre ausgezeichnet. Könnten Sie nicht etwas leiser sprechen?«

»Ich spreche doch nicht laut!«, behauptete diese. An ihrem ernsten Gesicht meinte Manfred ablesen zu können, dass sie das auch tatsächlich glaubte. Diese Gefahr war also in Kauf zu nehmen.

Manfred versuchte das Gespräch vorsichtig einzufädeln. »Sie verstehen sich wohl ganz gut mit Seidels?«

»Ja, sehr gut. Seit die Mutter gestorben ist, kümmere ich mich ein bisschen um sie. Männer brauchen einfach eine mütterliche Hand. In letzter Zeit allerdings ist der Vater ziemlich verschlossen. Früher war das anders. Ich glaube, das ist, seit er mit dem Schönberger verkehrt. Das ist der Metzger, der hat sich ein großes Haus gebaut, drüben hinter dem Friedhof. Da ist der Seidel oft, oder Schönberger ist hier.«

»Sagen Sie mal, Frau … äh … Frau Hebbelholz: Wann kommt denn Karls Vater von der Arbeit?«

»Der kommt heute nicht, sonst wäre er schon längst da. Der ist zu einem befreundeten Anwalt gefahren, der sich um die Sache mit Karl kümmern soll. Karl sagt zwar, sein Vater würde keinen Anwalt kennen. Aber es muss ja stimmen, ich habe selbst am Telefon mit Seidel gesprochen.«

Manfred war ganz Ohr. Mit solchem Erfolg hatte er kaum gerechnet. Jetzt ging er noch weiter, durch das Erreichte ermutigt. »Sie haben mit ihm telefoniert? Was hat er denn genau gesagt?«

»Na, du bist aber neugierig!«, brüllte Frau Hebbelholz. »Hat dir denn deine Mutter nicht beigebracht, dass es unhöflich ist, andere Leute auszufragen?«

Manfred hätte sich am liebsten verdrückt. Unter der Wucht der lautstarken Vorwürfe war sein Kampfeswille dem Zusammenbruch nahe. Aber er fing sich wieder.

»Äh, doch ... äh ... entschuldigen Sie bitte. Ich ... nämlich ... also, ich unterhalte mich so gerne mit Ihnen.«

Frau Hebbelholz war wieder einmal gerührt. »Na ja, ist schon gut, mein Junge. Kann das ja verstehen, wenn so 'n Junge so lange von der Mutter fort ist, dass er dann bei einem mütterlichen Menschen Zuflucht sucht.«

Manfred atmete auf. Diese Wendung kam ihm sehr gelegen. »Ja, so ist es auch!«, bestätigte er eifrig.

Und dann wagte er noch einmal, die Angel auszuwerfen: »War er sehr böse, Karls Vater? Karl tut mir ja so leid! Was hat er denn gesagt?«

Frau Hebbelholz biss an. »Nein, böse war er nicht. Er ... du, Junge, das fällt mir jetzt erst ein, wo du mich darauf bringst: Er sprach tatsächlich so, als glaubte er selbst, Karl wäre schuld. Das ist eigentlich komisch, nicht wahr? Ja ... wirklich komisch! Er war auch so kurz angebunden. Ich wollte noch was fragen, aber da hatte er schon aufgelegt. Wirklich komisch!«

Manfred hatte zunächst genug erfahren. »Ich muss jetzt leider schon gehen. Auf Wiedersehen, Mutter Hebbelholz!«

Der Ausdruck rührte der dicken Frau das Herz. Ehe sie in der Haustür verschwand, blickte sie mit ihren gütigen Augen hinter Manfred her und »flüsterte« mit 65 Phon vor sich hin: »Süßer kleiner Bengel!«

Keuchend und völlig erschöpft kam Manfred im Lager an – gerade noch rechtzeitig zum Abendessen. Er hatte sich so beeilt, weil seine Abwesenheit nicht auffallen sollte.

Nur Hartwig, Egon und die beiden Leiter wussten, dass er weg gewesen war.

Als alle ihre sechs bis acht Scheiben Käsebrot gegessen hatten, war das Mahl beendet.

»In einer halben Stunde am Feuer!«

Mit lautem Hallo stürzte die Bande aus dem großen Zelt. In dem Gedränge schnappte Manfred plötzlich ein paar Worte von Hannes auf: »Schade, dass es hier kein Telefon gibt. Ich gehe dann nach der Abendandacht noch mal ins Dorf und sehe, was aus ihm geworden ist ...«

Manfred wurde es heiß. Sollte er ausrichten, was Michael ihm aufgetragen hatte? Aber dann hätten die gewusst, dass er bei Karl und Michael gewesen war – und das durfte nicht sein. Er wollte die Verbrecher fangen und musste alles vermeiden, was ihm einen Strich durch die Rechnung machen konnte.

Grübelnd schlenderte Manfred draußen umher. Er musste überlegen, wie er morgen weiter vorgehen sollte. Eins schien ziemlich klar zu sein: dass der Vater von Karl keine reine Weste hatte. Erstens, weil die Waren in seinem Garten gefunden worden waren – und wenn Karl es nicht war, konnte es nur noch sein Vater gewesen sein! Und zweitens, weil er so plötzlich unauffindbar verschwunden war.

Lautes Rufen schreckte Manfred aus seinen Gedanken. Man sammelte sich ums Feuer. Immer noch mit seinen Überlegungen beschäftigt, setzte Manfred sich neben die anderen. Er hörte kaum zu.

Auch die spannende Geschichte, die Hannes jetzt erzählte, konnte ihn nicht aus seinen Gedanken reißen: *Wie kann man den Seidel finden und überführen? Hatte Schönberger damit etwas zu tun?*

Es wurde gesungen, erzählt, gelacht – Manfred erlebte alles nur wie aus weiter Ferne mit.

Doch auf einmal schreckte er auf. Sprach Hazweio von ihm?

Der Leiter saß auf der anderen Seite des Feuers und hatte die Bibel in der Hand. Anscheinend die übliche Abendandacht. Er sprach etwas von »verheimlichen« und »darf keiner wissen«.

Jetzt war Manfred hellwach. »... und weil es keiner erfahren durfte, was er verkehrt gemacht hatte, musste David immer neue Wege suchen, um seine Sünde zu verbergen. Es kam so weit, dass er dafür sorgte, dass Urija in einer Schlacht umkam ...«

Manfred kannte die Geschichte von David. Sie war in der Jungschar schon mal erzählt worden. Neu war ihm nur, dass da ja eine Lage geschildert wurde, die der seinen ganz ähnlich war ...

»So ist es oft mit der Sünde«, fuhr Hazweio fort. »Wir scheuen uns, zu bekennen, was nicht richtig ist, und machen es damit nur noch schlimmer ...«

Das stimmt, dachte Manfred. *Das stimmt tatsächlich! Erst habe ich Micki verraten. Dann habe ich versucht, es zu vertuschen. Nun darf ich Michaels Nachricht nicht ausrichten, damit nicht rauskommt, dass ich im Dorf war – und damit nehme ich neue Schuld auf mich. Wer weiß, wie das noch weitergeht!*

Hazweio hatte schon wieder ein Stück weitererzählt. »Gott beauftragte den Propheten, David seine Sünde zu zeigen. Als David merkte, dass hier nicht nur ein Mensch, sondern Gott zu ihm sprach, als er merkte: *Ich bin erkannt*, da brach auf einmal sein ganzer Widerstand zusammen.«

Manfred wusste genau, dass es bei ihm ähnlich aussah wie bei David. Er wusste auch, dass er eigentlich seine Schuld bekennen sollte. Aber er wehrte sich gegen diesen Gedanken.

Manfred hörte nicht mehr zu. Er war innerlich so aufgewühlt, dass er auf dem Baumstamm unruhig hin und her rutschte. Es war furchtbar, vor Gott und den Menschen ein Geheimnis zu haben, das das Gewissen bedrückte. Es gab nichts dagegenzusetzen. Auch der größte Triumph beim Schmugglerfang, wenn dieser gelingen sollte, würde diese dunkle Stelle nicht auslöschen ...

Sobald »Gute Nacht« gesagt worden war, sprang er auf und lief ins Dunkle hinaus.

Irgendwo setzte er sich auf die Wiese und legte die Stirn auf die Knie.

Wenn man doch nur abschütteln könnte, was einen unruhig macht! Er würde viel lieber über seine private Schmugglerjagd nachdenken, so wie er es vorhin noch getan hatte. Aber auf einmal ging das nicht mehr. Er wurde den Vorwurf nicht mehr los: *Du hast versagt!*

Plötzlich stand jemand im Dunkeln vor ihm. Manfred erschrak.

Es war Johannes Seelbach, der Jungscharleiter. »Nun, Manfred, womit quälst du dich denn herum?«

Hannes setzte sich neben ihn.

Da brach es aus Manfred heraus: »Ich habe Michael angezeigt! Ich wollte etwas leisten und in die Zeitung kommen! Aber das war gemein. Ich wollte es auch nicht sagen, weil ich mich geschämt habe. Als ich merkte, dass ich verkehrt gehandelt hatte und dass alle mich schief ansehen würden, wenn sie es rauskriegen – da habe ich mir vorgenommen, die Schmuggler zu fangen, um die Blamage wieder wettzumachen. Aber um Vergebung bitten wollte ich nicht ...«

Beide schwiegen eine Weile. Dann sagte Hannes nur: »Komm, wir wollen das alles Jesus sagen!«

Und dann beteten sie.

Je mehr Manfred sein Herz ausschüttete, desto wohler wurde ihm.

Am Schluss dankten beide Gott, dass er die Sünde nicht im Verborgenen lässt – aber auch dafür, dass er sie vergibt und uns nach unserer Verfehlung wieder ganz neu anfangen lässt.

Als die zwei zum Lager zurückgingen, sagte Manfred zu Hannes: »Es ist heute auch noch so wie bei David: Manchmal schickt Gott einen Menschen gerade im richtigen Augenblick, um uns wieder zurechtzubringen.«

Ehe Manfred in sein Zelt kroch, fiel ihm noch etwas ein: »Hannes, ihr braucht euch keine Sorgen um Michael zu machen. Ich habe mit ihm gesprochen. Er wohnt bei

Karl Seidel. Eine Nachbarin kocht für die beiden. Ich sollte euch das ausrichten. Er sagte, er wolle vorläufig nicht ins Lager kommen.«

»Hm«, überlegte Hannes. »So einfach geht das nicht! Schließlich sind Hazweio und ich für ihn verantwortlich. Wir müssen auf jeden Fall nach ihm sehen. Nachher, wenn hier im Lager alles ruhig ist, werden wir noch mal ins Dorf gehen. Gute Nacht, Manfred!«

Jupp Schönberger zog lange an seiner Zigarette und starrte dabei an die Decke.

»Ich werde abhauen!«, sagte er langsam.

Max und Alfred – Alli genannt – hatten das erwartet.

»Hör mal zu«, begann Max Kruse, beugte sich vor und legte die verschränkten Arme auf den Tisch. »Jupp, du hast das meiste zusammengekratzt, viel mehr als wir, und kannst es dir leisten, abzuhauen. Aber denk doch mal an uns! Wir können nicht stiften gehen, denn wir haben erstens eine Familie und zweitens nicht genug Moneten.«

»Dann bleibt ihr eben hier!«

Alli mischte sich ein: »Das geht doch nicht! Wenn wir Willi freilassen, verrät er uns. Und wir können ihn schließlich nicht ewig gefangen halten. Wenn du weg bist, kann er auch nicht mehr hier im Haus bleiben.«

»Ja!«, bestätigte Max. »Was sollen wir mit ihm machen?«

»Das ist nicht meine Sorge! Meinetwegen beseitigt ihn.« Jupp sagte das so leichthin.

»Du bist wohl verrückt!«, empörte sich Max.

»Das haben wir nun davon, dass ihr ihn gefangen genommen habt!«, klagte Alli.

Max fuhr ihn an: »Nun meckere nicht! Wenn wir es nicht getan hätten, säßen wir jetzt noch viel schlimmer drin!«

Jupp drückte seine Zigarette aus und sagte zögernd: »Ich haue auf jeden Fall ab. Meinetwegen schiebt alle Schuld auf mich. Wenn ich erst mal weg bin, kitzelt mich das nicht mehr.«

»Das wär 'ne Idee!«, meinte Alli. »Da wird auch Willi mitmachen. Wir lassen der Polente einen kleinen Tipp zukommen, dein Haus zu durchsuchen. Für die Sachen in Willis Garten finden wir dann schon eine Erklärung, mit der alle Seiten zufrieden sind. Dann wird auch Willi unschuldig dastehen – vor allem, wenn wir sagen, dass du ihn gefangen genommen hast. Vielleicht, weil er dich erwischte, als du in seinem Hühnerstall warst. Das wäre glaubwürdig!«

Alli bekam wieder sichtlich Oberwasser.

»Gut«, ergänzte Jupp, »nur dürft ihr dann nicht so mit dem Geld um euch werfen, dass es auffällt!«

»Na«, knurrte Max, »nun tu mal nicht so, als wenn du uns zu Millionären gemacht hättest! Das meiste hast du doch selbst kassiert!«

Jupp sah den Dicken scharf an. »Ist wohl auch gerecht so – oder? Schließlich habt ihr drei mal gerade tragen geholfen. Alles andere habe ich gemacht.«

Alli beschwichtigte den Boss: »Schon gut, Jupp, schon gut! Also, lasst uns jetzt zu einem Schluss kommen: Wir machen morgen Abend den letzten Gang, und anschließend geht Jupp stiften und kommt nie mehr wieder.«

»Abgemacht! Morgen um 23 Uhr an Willis Wiese. Wie gesagt: Ich habe noch nicht genau Nachricht, ob es morgen wieder losgeht, nehme es aber an. Wenn nicht, gebe ich noch Bescheid. Wir werden viel zu schleppen haben, weil wir nur zu dritt sind.«

Die beiden Besucher gingen, und Jupp stieg die Kellertreppe hinab, um seinem Gefangenen einen Besuch abzustatten.

DIE ZEITUNGSANNONCE

»Ein kühles Bad am jungen Morgen vertreibt die Nacht mit ihren Sorgen, vertreibt die Müdigkeit der Glieder, jedoch dieselbe kommt bald wieder.«

Egon, der Dichter, stand während dieser philosophischen Betrachtung mit nacktem Oberkörper am Bach, schaute versonnen ins Tal hinunter und zog das Handtuch im Rhythmus seiner Reime über den Rücken.

»Da oben steht er!«, hörte er plötzlich Hartwig rufen. Er kam gerade mit Manfred zu ihm herauf. Beide waren schon fertig angezogen, während die anderen Jungen gerade erst schlaftrunken aus ihren Zelten gekrochen kamen.

»Morgen, Schiller!«, grüßte Manfred und setzte sich dabei auf den Rasen. »Wir haben etwas vor. Aber wasch dich ruhig fertig, während ich dir das erkläre.«

»Ich danke sehr und frag bescheiden, ob man es gnädig mir gestatte, mich mit dem Hemde zu bekleiden, da ich mich schon gewaschen hatte.«

»Aber gerne, Herr Schiller!«, lachte Hartwig. Er ließ sich neben Manfred nieder, während Egon sich kopfüber in sein Hemd stürzte.

Manfred begann: »Eins ist klar: Wenn wir Micki und den Karl entlasten wollen, müssen wir die richtigen Schmuggler fangen. Ich habe bereits Erkundigungen eingeholt und eine schwache Spur gefunden, die mir nicht ganz unbedeutend zu sein scheint.«

»Ah!«, sagte Hartwig.

Manfred berichtete: »Karls Vater ist verschwunden. Und nach dem, was mir die Nachbarin erzählte, scheint es dabei nicht mit rechten Dingen zugegangen zu sein. Ich würde gerne mal das Haus etwas näher unter die Lupe nehmen, in dem der Freund von Karls Vater wohnt.«

»Ich mache mit!«, erklärte Hartwig.

Egon schaltete sich ein: »Und ihr glaubt, dass man erlaubt, vom Lagerleben, Lagertreiben, so mir nichts, dir nichts fortzubleiben?«

»Lass mich das mal machen!«, entgegnete Hartwig. »Ich werde die Erlaubnis holen, jedenfalls für heute Vormittag.«

Eine Stunde später standen die drei Freunde bereits vor dem Haus, das sie suchten. Nach der Beschreibung von Frau Hebbelholz konnte es kein anderes sein – denn das hier war das einzige neue Gebäude hinter dem Friedhof.

An der Friedhofsmauer führte eine schmale, unbefestigte Straße entlang, und auf der anderen Seite lag das erwähnte Haus in einem Garten, etwas von der Straße entfernt. Es hatte zwei Stockwerke und sah völlig harmlos aus – wie alle Häuser, die in den letzten Jahren in dieser Gegend gebaut worden waren.

Der Garten war eingezäunt. Neben dem Pförtchen stand auf einigen Steinplatten eine Mülltonne. Darauf lag ein Bündel Zeitungen, das offenbar in der Tonne keinen Platz mehr gefunden hatte.

Alles war so normal, ohne jede Spur von Verbrechertum, dass den dreien der Mut sank. Was sollten sie nun hier?

»Lasst uns mal vorsichtig ums Haus herumschleichen!«, schlug Manfred vor.

»Ja«, bestätigte Hartwig, »aber bitte nicht wie Sioux auf dem Kriegspfad, sondern so unauffällig wie möglich!«

Sie schlenderten langsam den Pfad entlang, der von der Straße wegführte und den Garten des verdächtigen Hauses vom Nachbargrundstück trennte. Ganz um das Haus herum konnten sie nicht. Sie hätten dann über einen Acker gehen müssen, der hinter dem Haus begann, und das durften sie nicht, wenn sie kein Aufsehen erregen wollten.

»Es hat wohl nicht viel Sinn, hier weiterzusuchen«, meinte Hartwig.

»Aber was tun wir?«, fragte Manfred. »Aufgeben? Ich war so stolz auf die Spur, die ich gefunden hatte!«

»Hm ... aber du siehst doch selbst: Wir können hier nicht viel erreichen.«

Da mischte sich Egon ins Gespräch: »Ich werde hier noch Wache stehen. Ihr mögt getrost nach Hause gehen!«

»Ja, das wäre vielleicht das Beste. Du hältst die Augen offen, und nach dem Mittagessen komme ich oder Manfred, um dich abzulösen.«

Gesagt, getan. Manfred und Hartwig trollten sich langsam davon. Egon, der Dichter, schlenderte die Straße hinauf und hinunter.

Eine Viertelstunde verging, eine halbe – nichts geschah. Es wurde allmählich langweilig.

Eine alte Oma mit einer Gießkanne kam die Straße herauf und schlurfte durch die Tür in der Friedhofsmauer. Das brachte Egon auf einen Gedanken: Warum sollte er hier auf der Straße stehen, wo es doch auf dem Friedhof sicher Bänke gab? Er ging zur Tür in der Mauer und bemerkte auch gleich in der Nähe des Eingangs eine verwitterte Holzbank. Man konnte zwar von hier aus nicht die Haustür sehen, aber wenigstens einen Teil des Hauses und der Straße. Egon machte es sich bequem und wartete.

Eine Viertelstunde, eine halbe – wieder geschah nichts. Es war schrecklich langweilig.

Über den Weg krabbelte eine Ameise, mühsam einen toten Käfer hinter sich herschleppend, der doppelt so groß war wie sie selbst. Damit hatte Egon ein Thema für ein Gedicht. Was reimte sich denn darauf? Weise, leise ... »... die schleppte auf geschickte Weise ...« Nein, das war nicht gut. Vielleicht so: »Eine kleine Waldameise schleppte mühsam, aber leise, einen kupferbraunen Käfer ...« Schäfer ging nicht! Schläfer? Noch weniger! Ach – Unsinn!

Egon stand auf und ging gelangweilt auf die Straße, um nach der Tür zu sehen, die er bewachen wollte. Sein Blick fiel auf die Mülltonne mit den Zeitungen. Ah – ein Zeitvertreib!

Egon ging hinüber, zog einen Packen Zeitungen aus dem verschnürten Bündel heraus, kehrte zu seiner Bank zurück und begann zu lesen. Salzburger Morgenpost. Sogar von heute! Wie kam der Schönberger – oder wie er hieß – denn an eine österreichische Zeitung?

Na ja, die wird sicher im Kiosk verkauft.

Eine andere Frage war schon die, warum der Schönberger eine österreichische Zeitung kaufte! Es konnte ihm natürlich niemand verwehren, klar! Aber er musste doch einen Grund haben, zumal die deutschen Zeitungen sicher billiger waren und ihn viel mehr interessieren mussten.

Egon war auf einmal hellwach.

Sollte hier vielleicht ein Zusammenhang zu der Schmuggelei bestehen?

Er blätterte die Zeitung durch. Da fiel ihm plötzlich auf, dass im Anzeigenteil ein kleines Stück ausgeschnitten war.

»Hm«, machte Egon, »vielleicht ...« Er ahnte, eine Spur gefunden zu haben.

Nacheinander durchsuchte er auch die anderen Zeitungen, die er mitgenommen hatte. In der letzten Zeitung war wieder ein gleich großes Stück ausgeschnitten, die anderen Zeitungen waren vollständig.

Egon sprang auf.

In der Aufregung vergaß er ganz zu reimen, als er vor sich hin murmelte: »Ich habe zwar mehr von Schiller als von Sherlock Holmes an mir, aber Schiller hat ja auch was über die Räuber geschrieben. Mir scheint ...«

Damit raffte er die Zeitungen zusammen und machte sich auf, seine Freunde zu suchen.

Zunächst lief er zum Zeitungskiosk.

Als Egon davorstand, streckte die dicke Verkäuferin ihren Kopf durch das winzige Loch und fragte: »Nun, junger Mann?«

»Haben Sie noch die Salzburger Morgenpost von heute?«

»Nein, schon ausverkauft!«

»Oder vielleicht die vom ...« Egon blätterte verzweifelt. Welches war denn nur das andere Exemplar gewesen, in dem das Stück fehlte? Er klemmte einige unter den Arm und untersuchte die anderen – da entfielen ihm die ersten und breiteten sich auf dem Weg aus. Es war ein schreckliches Durcheinander.

Die dicke Frau schmunzelte.

»Hier – die vom 19. Juni, haben Sie die noch?«

»Nein, tut mir leid! Ich habe von den ausländischen Zeitungen immer nur zwei oder drei Exemplare und hebe die auch nie lange auf, wenn sie mal nicht verkauft werden. Bedaure sehr!«

»Ich auch!«, sagte Egon und begann, seine Blätter wieder aufzusammeln.

Dann machte er sich auf den Weg ins Lager.

Als er an den letzten Häusern des Dorfes vorbeikam, hörte er ein Geräusch, als klopfte jemand an eine Fensterscheibe.

Egon wandte sich um.

Aus einem Fenster eines Hauses nahe der Straße schauten Manfred und Hartwig heraus und winkten ihm.

Sollte das das Haus sein, in dem Karl wohnte?

Schiller ging hinüber und trat ein. Tatsächlich – hier waren alle vier versammelt: Hartwig, Manfred, Michael und Karl.

»Komm rein, Schiller!«, lud Hartwig ein und ließ sich wieder in den Sessel fallen, in dem er vorher gesessen hatte.

»Wir wollen mit Karl und Michael gemeinsame Sache machen, um den Schmugglern auf die Spur zu kommen. Ich hab sie schon über alles informiert, was wir bisher unternommen haben.«

Manfred ergänzte: »Wir waren eben noch bei dem Metzger, bei dem Schönberger arbeitet. Nichts Verdächtiges. Hast du was?«

Egon warf seine Zeitungen auf den Tisch, ließ sich auf das Sofa fallen und berichtete seine Vermutungen.

»Hm.«

Dieser geistvolle Beitrag kam von Manfred. Er war der Erste, der die Stille des Nachdenkens unterbrach.

Dann sagte Hartwig: »Ob es sich tatsächlich um eine Spur handelt oder um ein ganz harmloses Interesse des Herrn Schönberger an irgendeiner Anzeige, können wir erst entscheiden, wenn wir wissen, was da stand.«

Karl und Michael nickten still vor sich hin. Sie wussten nicht recht, was sie tun sollten. Die anderen waren plötzlich hier hereingeschneit und hatten groß von »gemeinsamer Aktion« gesprochen, ohne zu fragen, ob sie das überhaupt wollten. Dennoch waren sich beide darüber im Klaren: Es musste etwas unternommen werden! Auf die Dauer würde sich die Sache sowieso nicht verschweigen lassen.

Wenn Karls Vater doch nicht einfach verschwunden wäre! Karl konnte sich nicht denken, dass er verduftet war, um der Polizei nicht in die Hände zu fallen. Irgendetwas stimmte da nicht! Wenn er wenigstens wüsste, für wen er Partei ergreifen sollte!

Hartwig fing wieder an: »Die Schmuggler müssen irgendwie mit einem Partner auf der österreichischen Seite in Verbindung stehen. Wäre es nicht möglich, dass die Verbindung durch die Zeitung hergestellt wird? Wenn die von drüben eine Nachricht übermitteln wollen – etwa, wann etwas geholt werden soll, mit wie vielen Leuten –, dann geben sie eine Anzeige auf. Natürlich verschlüsselt. Hier kauft sich Schönberger jeden Tag eine Zeitung und braucht nur nachzulesen.«

»Mensch – das ist eine Idee!«, unterbrach Manfred. »Außerdem hätte das noch den Vorteil, dass keine Brief- oder Telefonverbindung nötig ist, die die Polizei viel besser kontrollieren kann. Gesetzt den Fall, die österreichische Gruppe wird erwischt – so gibt es keine Fäden zu der deutschen Gruppe. Genial!«

Michael mischte sich in das Gespräch: »Aber das ist ja alles nur eine Vermutung! Was habt ihr denn wirklich? Nur, dass Jupp Schönberger ein unangenehmer Mensch ist und hier im Haus verkehrt hat ...«

»... und ein viereckiges Loch in einer österreichischen Zeitung, weiter nichts!«, ergänzte Karl.

Manfred rieb sich das Kinn und brummte etwas eingeschüchtert: »Hm ... ja, sicher. Wir kommen natürlich nicht weiter, ehe wir nicht wissen, was an dieser Stelle gestanden hat.«

Hartwig schlug vor: »Lasst uns doch mal zum Kiosk gehen und fragen, ob die Frau uns die Zeitungen nicht nachbestellen kann. Oder wir fragen, wer die anderen Exemplare gekauft hat. Vielleicht weiß sie es noch, dann können wir die Leute aufsuchen und vielleicht einen Blick in die Zeitung werfen.«

»Ja, das wäre gut!«

Die drei zuletzt Gekommenen standen auf. »Wollt ihr mit?«

Karl schüttelte den Kopf, und Michael sagte: »Nein, wir bleiben hier. Drei Mann sind doch genug für eine Zeitung.«

Nachdem die drei auf die Straße getreten waren, raunte Manfred Hartwig zu: »Irgendetwas stimmt nicht mit den beiden. Ob sie mir noch böse sind?«

Hartwig zuckte nur die Achseln.

Jupp Schönberger schloss die Stahltür auf und trat in den dunklen Keller, in dem sich die Öltanks befanden.

Willi Seidel saß auf dem Boden, Hände und Füße mit Isolierband gefesselt.

»Hör zu, Willi«, begann Jupp, »hier ist erst mal 'ne Scheibe Brot mit guter Wurst. Und dann habe ich mit dir zu sprechen. Wir haben nämlich ...«

»Mach, dass du mir aus den Augen kommst!«, brüllte Willi ihn an. »Ich rede nicht mit dir, du Verräter, du!«

»Solltest froh sein, wenn ich mit dir rede!«

»Hilfe!«, schrie Willi.

Jupp lachte ihm ins Gesicht. »Ja, ruf nur recht laut! Meinetwegen bis du heiser bist. Es wird dich niemand hören! Um den Ölkeller sind noch andere Räume. Der Schall dringt nicht nach draußen, ich habe mich vorher überzeugt!«

Willi schwieg und wandte sich ab.

Jupp begann noch einmal: »Dein Edelmut in Ehren, mein lieber Willi! Nur, dass du uns alle reinziehen wolltest, um deinen Sohn zu schützen, das passt nicht recht dazu. Du hättest ...«

»Seid ihr es denn wert, dass ich euch schütze? Ich wollte mich ja schon lange absetzen, ihr aber habt mich immer wieder gezwungen, erpresst. Jetzt ist mir alles egal, und wenn ich fünf oder zehn Jahre sitzen muss ich werde *alles* sagen!«

»Langsam, langsam, mein Bester!«, unterbrach Schönberger den Gefesselten. »Erstens wird es nicht so viel werden, und zweitens könnte es sein, dass ihr drei gar nicht verurteilt werdet. Das ist nämlich mein Plan, den ich dir gerade unterbreiten wollte. Du wirst daran sehen, dass ich auch edelmütig sein kann. Ich werde abhauen, sobald wir heute das letzte Mal oben waren. Ihr werdet dann alle Schuld auf mich schieben, besonders du, den die Polente ja schon ...«

»Wie soll ich denn erklären, wie die Sachen in meinen Garten kamen? Soll ich etwa sagen, du hättest sie heimlich dahin getragen?«

»Das ist deine Sache! Aber denk dran, dass Max und Alli vielleicht auch Interesse daran haben könnten, dass du die Klappe hältst! Ich könnte mir auch denken, dass sie Druckmittel einsetzen würden, damit ihr plötzlich anständig gewordener Willi nicht zu ehrlich wird!«

»Ist mir egal. Dieses Gespinst von Lügen und Ausreden, von Geheimnissen und Drohungen wird sowieso bald platzen. Ich will nicht mehr da drinstecken, verstehst du? Ich will nicht mehr!«

»Willi, du sprichst jetzt nur so, weil du wütend bist. Tut mir leid, aber wir mussten dich gefangen ...«

»Ist ja rührend, dass euch das auch noch leidtut!«, spottete Willi Seidel verbissen.

Jupp Schönberger fuhr fort, ohne auf den Einwand zu achten: »Wenn du wieder frei bist, wirst du nicht mehr Ärger, sondern Angst haben. Dann wirst du wahrscheinlich doch mit Max und Alli gemeinsame Sache machen.«

Willi unterbrach ihn abermals: »Ich will dir etwas sagen, Jupp, und das ist das Letzte, was ich dir zu sagen habe: Ich werde mich weder ärgern noch fürchten, sondern ich werde mich schämen. Und darüber kannst du ruhig lachen, das macht mir nichts aus, denn ich schäme mich nicht vor dir, sondern vor meinem Jungen. Der verrät seinen Vater nicht. Und was macht sein Vater? Ich weiß nicht, ob ich meinem Sohn noch unter die Augen treten kann, ohne rot zu werden.«

»Jetzt wird's sentimental! Ich gehe. Das war ja sowieso das Letzte, was du mir sagen wolltest, und meine Mittagspause ist auch gleich vorbei.«

Jupp drehte sich um.

Im selben Augenblick zog Willi die gefesselten Beine an und schnellte sich hoch. Er machte einen Sprung zur Tür hin.

Jupp lachte auf: »Haha, sieh da, Mut hat er noch!« Dann versetzte er Willi einen Stoß.

Willi konnte mit seinen zusammengebundenen Füßen keinen Halt finden und stürzte. Hart schlug er auf den Boden.

Jupp ging hinaus, schloss zu und steckte den Schlüssel in die Tasche.

EIN WICHTIGES PAPIER

»Ich muss meinen Vater finden!«

Karl stand in der Mitte des Wohnzimmers und blickte Hilfe suchend zu Michael, der auf dem Sofa saß.

»Überleg doch noch mal, ob du keinen Rat weißt!«

Micki schwieg eine Weile. Dann sagte er: »Mit der Polizei wollen wir am liebsten nichts zu tun haben. Aber vielleicht wäre es doch ratsam, ihr zu sagen, dass dein Vater gar keinen Anwalt kennt.«

»Lass die Polizei aus dem Spiel!«

»Dann bleibt uns nur noch, mit den dreien auf der einen Spur zu suchen. Vielleicht kommen wir da weiter.«

»Wenn ich jetzt nur meinen Vater hier hätte!«, seufzte Karl, während er sich neben seinem neuen Freund niederließ. »Ich könnte dann offen mit ihm sprechen. Ich könnte ihn fragen, was ich tun soll.«

Eine Weile schwiegen beide.

Auf einmal sagte Michael: »Du, hör mal, Karl!«

»Hä?«

»Ich überlege gerade ... Es ist unwahrscheinlich, dass die Suche nach den Zeitungen Erfolg bringt. Könnten nicht die ausgeschnittenen Stellen zufällig in der Mülltonne liegen, die vor Schönbergers Haus stehen soll?«

»Das könnte sein. Er wird sicher nicht so vorsichtig gewesen sein, sie zu verbrennen, da er ja die Zeitungen auch nicht verbrannt hat. Sollen wir mal nachschauen? Es müsste allerdings gleich sein, weil bald die Müllabfuhr kommt.«

»Wenn du eine Möglichkeit weißt, wie wir die Tonne untersuchen können, ohne dass uns die Leute für Lumpensammler halten ...«

»Das bekommen wir hin.«

»Dann komm!«

Einige Minuten später schlenderten die beiden Jungen – unauffällig beobachtend, ob jemand in der Nähe war – die Straße zwischen Schönbergers Haus und dem Friedhof entlang.

»Niemand zu sehen«, flüsterte Michael. »Komm, auf geht's!«

Die beiden nahmen die Mülltonne, nachdem sie das Zeitungsbündel danebengelegt hatten, eilten damit über die Straße und verschwanden durch das Türchen in der Friedhofsmauer. In der Ecke, bei einem kleinen Kehrichthaufen für vertrocknete Blumen und andere Abfälle, hielten sie an. Sie kippten die Tonne um und fingen an zu wühlen.

»Das Alter, in dem mir so etwas Spaß gemacht hat, habe ich eigentlich schon hinter mir«, stellte Michael fest, aber er scheute sich trotzdem nicht, mit beiden Händen in dem Abfall nach den gesuchten Papierfetzen zu wühlen.

»Hier ist ein Zettel!«

Während Karl das zerknüllte Papier auseinanderzog, sagte Michael schon: »Hat keinen Zweck, das ist kein Zeitungspapier – und auch zu groß!«

»Aber ein Brief mit Schönbergers Handschrift.« Während sein Mund das sagte, flogen seine Augen schon über die Zeilen.

Plötzlich sprang Karl auf. »Michael! Schau mal her!«

Micki trat zu ihm und las: »Frau Hebbelholz? Hier ist Seidel. Frau Hebbelholz, Sie haben ja sicher von dem schrecklichen Verdacht gehört, der sich gegen meinen Sohn richtet. Es wäre ja furchtbar, wenn das wahr wäre, nicht wahr? Ich rufe nur an, um Sie um eine Freundlichkeit zu bitten. Würden Sie meinem Sohn und der Polizei, falls sie nach mir fragen sollte, sagen, dass ich zu einem befreundeten Anwalt nach München gefahren bin? Ich will ihn bitten, die Verteidigung zu übernehmen. Vielen Dank, Frau Hebbelholz!«

Einen Augenblick waren die beiden wie vor den Kopf geschlagen.

Ein Brief von Herrn Seidel in Schönbergers Handschrift an Frau Hebbelholz? In dieser Sache – und dann war da von einem Anruf die Rede?

»Mensch, Karl, weißt du, was das ist?«

»Nee«, gestand Karl.

»Das ist die schriftliche Formulierung des Anrufs von deinem Vater an Frau Hebbelholz! Schönberger hat ihm aufgeschrieben, was er sagen sollte, und ihn gezwungen, das am Telefon abzulesen.«

»Ich werd verrückt!«, war die einzige Antwort von Karl.

Michael fuhr fort: »Und weißt du, was das heißt? Nicht mehr und nicht weniger, als dass dein Vater der Gefangene Schönbergers ist!«

Karl setzte sich vor Schreck auf die umgekippte Mülltonne. Eine Weile blieben beide still und sahen sich an – bis Karl stöhnte: »Dann müssen wir ihn befreien!«

»Ob er hier im Haus ist?«

»Schon möglich! Wenn die Keller groß genug sind, seine Schmuggelwaren unterzubringen, wird da auch noch für einen Gefangenen Platz sein. Aber weshalb nur?«

»Das kann ich mir erklären! Seine Kumpanen dachten sicher, er verpfeift sie, weil in seinem Garten die Sachen entdeckt wurden.«

Karl sprang auf. »Dann nichts wie hin!«

»Moment!«, dämpfte Michael seinen Eifer. »So einfach

wird das nicht sein! Außerdem müssen wir erst die Mülltonne zurückbringen, damit kein Verdacht entsteht.«

Die beiden Jungen füllten den Abfall wieder in die Mülltonne, rollten sie zum Türchen in der Friedhofsmauer und spähten hinaus. Als sie sahen, dass die Luft rein war, huschten sie über die Straße, stellten die Tonne an ihren Platz und legten das Bündel Zeitungen wieder darauf.

Dann untersuchten sie das Haus.

Schönberger war sicher nicht da, denn die Metzgerei war jetzt geöffnet.

Die Tür und sämtliche Fenster waren fest verschlossen. Nachdem Karl sich vergewissert hatte, dass ihn keiner beobachten konnte, legte er das Ohr auf eines der Gitter, die die Kellerschächte bedeckten. Kein Laut drang heraus. »Wollen mal versuchen, ob wir das Gitter herausnehmen können.«

Michael packte mit an, und es gelang ihnen mit einiger Mühe.

Aber weiter kamen sie nicht. Die Fenster, die außer den Scheiben noch mit einem Gitter gesichert waren, ließen sich nicht öffnen.

Was tun?

Gewaltsam einbrechen? Nein, das ging nun doch nicht! Sie legten das Gitter wieder an seinen Platz und umschlichen das Haus noch einmal.

Plötzlich blieb Karl stehen. »Ich hab ’ne Idee!«

»Erzähl!«

»Komm erst hier fort. Das, was ich tun will, lässt sich sowieso erst heute Abend ausführen.«

»Guten Tag! Wohnt hier Herr Heinrichs?«

»Ja«, antwortete die Pensionswirtin freundlich. »Wollt ihr zu ihm?«

Hartwig druckste ein wenig herum. »Also ... wir wollten nur mal was fragen.«

»Ich klopfe mal eben.«

Die Frau verschwand die Treppe hinauf.

Hartwig drehte sich um und fragte: »Was sagen wir denn?«

Manfred erwiderte: »Nichts einfacher als das! Wir fragen ihn, ob er uns mal die Zeitung ausleiht.«

Da kam der Urlaubsgast auch schon die Treppe herunter. »Nun – was wünschen die jungen Herren?«

Manfred und Hartwig warfen sich gegenseitig Blicke zu, die besagen sollten, dass jeweils der andere anfangen sollte. Aber keiner tat es. Egon kam sowieso nicht infrage, der würde dem Mann ein Gedicht vortragen.

»Bitte?«, wiederholte schon etwas ungeduldig der Herr.

»Äh – es geht um Folgendes«, begann Hartwig. »Wir haben erfahren, dass Sie die Salzburger Morgenpost lesen.«

»Ja, und?«

Manfred übernahm: »Ob Sie uns wohl mal die von heute leihen könnten – nur ganz kurz? Oder, wenn Sie sie noch nicht ausgelesen haben sollten, wenigstens die vom 19. Juni?«

»Na, ihr habt aber Wünsche!«, knurrte der Mann. »Was wollt ihr denn damit?«

»Es handelt sich um ...«

Hartwig stockte. Worum handelte es sich denn? Um Schmuggler, aber das konnten sie dem Herrn natürlich nicht sagen. Der würde sie ja für nicht ganz normal halten. »Es handelt sich um eine Anzeige, die wir gerne lesen würden.«

Manfred ergänzte: »Die ist für uns wichtig, das heißt, die interessiert uns.«

Herr Heinrichs knurrte vor sich hin und stieg bedächtig die Treppe hinauf.

»Die von heute kann ich euch geben, sonst habe ich keine«, sagte er kurz.

Er holte die Zeitung aus seinem Zimmer, rollte sie zusammen und warf sie die Treppe hinunter.

»Vielen Dank!«

Manfred hob sie auf, und die drei stürmten davon. Auf einer Bank für die Urlaubsgäste ließen sie sich nieder und suchten die entsprechende Seite. Egon hielt zum Vergleich die andere Zeitung daneben.

»Hier! Unter dem großen Sonderangebot.«

An dieser Stelle fanden sie eine völlig unverdächtige Anzeige: »Gebrauchter Fiat zu verkaufen, himmelblau, Baujahr 65, überholt, Austauschmotor. Salzburg Tel. 64631.«

»Hm.«

Alle drei starrten schweigend auf die wenigen Worte und Zahlen.

Schließlich reimte Egon: »Wenn das die Nachricht ist gewesen, frisst Schillers Egon noch ’nen Besen!«

Hartwig war anderer Meinung: »Meinst du denn, sie würden schreiben: ›Schmuggler bitte mit soundsoviel Mann am soundsovielten da hinkommen‹?«

»Was wir suchen, steckt verschlüsselt da drin!«, behauptete Manfred.

»Wenn wir nicht überhaupt, mein Kind, auf völlig falscher Fährte sind!«, meinte Egon.

Eine Weile dachten die Jungen angestrengt nach.

Dann meinte Hartwig: »Das lässt sich leicht kontrollieren. Wir brauchen nur mal bei der Telefonnummer anzufragen. Es gibt zwei Möglichkeiten: Entweder gibt es diese Nummer gar nicht – dann sind wir auf der richtigen Spur. Oder es ist die eigene Nummer des Hauptschmugglers in Österreich. Er könnte dann, wenn jemand wegen des Autos fragt, eine Ausrede finden. Die Männer laufen dabei weniger Gefahr, als wenn sie eine Nummer eines anderen angeben. Der würde sich dann beschweren, wenn er dauernd Anrufe bekäme, und das könnte die Polizei auf ihre Spur bringen.«

Manfred warf ein: »Alles schön und gut, aber wer soll ein Telefongespräch nach Salzburg bezahlen?«

»Hm ... was wird das kosten?«

»Es kommt darauf an, wie lange es dauert.«

»Schlaukopf!«, lobte Hartwig diese geistreiche Antwort.

Egon zog sein Portemonnaie hervor und reimte: »Lasst uns mal zusammenzählen, dann wird sicher nichts mehr fehlen.«

»Du, ich will aber in den nächsten Tagen, wenn es weiter so heiß bleibt, noch ab und zu eine Cola trinken!«, gab Hartwig zu bedenken.

Manfred hatte einen Einfall: »Lasst uns einen Versuch machen: Wir gehen zu der lauten Frau Hebbelholz. Die hat ein Telefon. Wenn wir ihr sagen, dass es um die Schmuggler geht und um die Entlastung von Karl und Michael, macht sie es sicher billiger!«

»Ist das die, von der du erzählt hast?«

»Ja, 'ne nette alte Dame. Ihr müsst sie nur recht lieb behandeln. Am besten wäre es, man hätte Watte für die Ohren.«

»Auf denn! Wollen wir es wenigstens versuchen.«

»Ich lach mich kaputt, wenn der Schönberger nur ein gebrauchtes Auto kaufen wollte.«

Sie machten sich auf den Weg, und wenig später standen sie vor der Haustür von Frau Hebbelholz.

Rrrrrrrrr. Die Tür öffnete sich.

Die gewaltige Frau mit der noch gewaltigeren Stimme wurde sichtbar und bald auch hörbar: »Ah, mein Freund von gestern Abend! Und zwei andere Jungen hat er gleich mitgebracht! Das ist aber schön!«

Hartwig und Egon traten vor Schreck etwas zurück, während Manfred zu stottern begann. »Guten Tag, Frau Hebbelholz. Äh ... wir wollten ... äh ... also das ist Hartwig, und das ist Schiller.«

»Hahaha«, lachte Frau Hebbelholz, so laut wie der ganze Mainzer Fastnachtszug. »Schiller persönlich? Aber kommt doch ruhig rein, ihr süßen kleinen Bengel. Freue mich, wenn ich so jungen Besuch bekomme.«

Mutig folgten ihr die drei in die Küche. Dort setzte man sich, und Manfred begann zu erklären. Es ließ sich nicht umgehen, dass die Frau in die Geheimnisse eingeweiht wurde, die sie herausbekommen hatten.

Als Manfred fertig war, sagte Frau Hebbelholz: »Hm ... da könnte etwas Wahres dran sein. Dass der Schönberger keine reine Weste hat, habe ich mir schon manchmal gedacht.«

»Ja, Frau Hebbelholz. Könnten wir denn mal bei Ihnen telefonieren?«

»Natürlich, Junge! Werde doch Karls Freunden keine Bitte abschlagen! Besonders wenn es gilt, den Spitzbuben das Handwerk zu legen. Das mit der Bezahlung lasst mal meine Sache sein. Ich habe zwar nicht ganz verstanden, weshalb ihr da anrufen wollt, aber bitte ... Da ist das Telefon!«

Hartwig hatte eine Idee. »Liebe Frau Hebbelholz«, begann er, während die Angeredete wieder einmal gerührt war über so nette Kinder, »könnten Sie nicht für uns anrufen? Das glauben sie vielleicht eher, weil wir doch alle drei noch keine tiefe Männerstimme haben!«

»Ich? Nein, Kinder, auf so etwas verstehe ich mich nicht!«

»Ach«, bat Manfred und besann sich wieder auf seine Taktik, »liebe Mutter Hebbelholz, wir haben doch sonst gar keinen, der das für uns tun könnte! Meine Mutter würde es ja sicher gerne tun, aber die ist nun so weit weg. Wir sind hier ganz auf uns gestellt.«

Frau Hebbelholz hörte diese Worte, sah in die bittenden Augen und ließ sich erweichen. »Ja, aber was soll ich denn sagen?«

»Sie brauchen nur zu sagen, Sie interessierten sich für den gebrauchten Fiat. Dann hören wir schon, was geantwortet wird.«

Die Überredete drehte sich schweigend um, nahm den Hörer ab, suchte die Fernverbindung nach Salzburg und wählte.

Egon legte die Zeitung neben sie.

Hartwig hielt sein Ohr in die Nähe des Hörers. Pause. Dann hörte man das Klingeln.

»Salzmann.«

»Hebbelholz. Guten Tag! Ah ... ich interessiere mich für den Fiat.« Sie brüllte, als müsse man es notfalls auch ohne Telefon in Salzburg verstehen können.

»Den was? Ach so, wegen der Zeitungsannonce. Tut mir leid, meine Dame, der ist leider schon verkauft!«

Frau Hebbelholz wusste nicht, was sie nun sagen sollte.

Hartwig hauchte ihr ins Ohr: »Ging aber schnell. Stand doch heute erst in der Zeitung.«

Frau Hebbelholz echote: »Ging aber schnell. Stand doch heute erst in der Zeitung.«

»Ja – sicher – ging schnell. Der Käufer hat ihn eben abgeholt.«

Hartwig flüsterte, und seine Helferin sprach: »Sie haben doch schon mal annonciert, nicht wahr? Am 19. Juni.«

Pause.

»Wie ... wie kommen Sie denn darauf, dass ich das war? Da stand doch eine ganz andere Nummer! Ah ... ich meine ... also ... da wird sicher eine ganz andere Nummer gestanden haben, wenn es sich da auch um einen Fiat gehandelt haben sollte.«

»Vielen Dank!«, ließ Hartwig Frau Hebbelholz sagen. Dann legte sie auf.

Mit triumphierender Miene verkündete Hartwig: »Wir sind auf der richtigen Fährte!«

»Woher weißt du das?«

»Er sagte: ›Wie kommen Sie denn darauf, dass ich das war? Da stand doch eine ganz andere Nummer!‹ Er war es, der die andere Anzeige aufgegeben hatte, sonst wüsste er nicht, was wir meinen, und hätte gesagt, das hier sei seine einzige Anzeige gewesen. Er hätte nicht gesagt: ›Da stand doch eine ganz andere Nummer‹, sondern vielleicht: ›Da wird wohl eine ganz andere Nummer gestanden haben‹ – oder so ähnlich. So hat er sich dann auch noch verbessert. Aber warum will er das verbergen? Um nicht in Verdacht zu geraten.«

»Das stimmt! Mensch, Hartwig, du bist der reinste Detektiv!«, lobte Manfred.

»Kinder, Kinder!«, brüllte Frau Hebbelholz, und es klang wie ein Erdbeben der Stärke sieben, »von euch kann ich in meinem Alter noch etwas lernen!«

»Jetzt müssen wir aber gehen!«, gab Hartwig zu bedenken. »In einer halben Stunde wird im Lager Mittag gegessen. Der Weg ist weit und führt steil bergauf!«

Manfred wandte sich an Frau Hebbelholz: »Ganz herzlichen Dank für Ihre Hilfe, Frau He…«

»Och … nichts für ungut! Mach ich doch gerne! Und wenn ihr mich wieder mal braucht … Vor allen Dingen gebt mir Bescheid, wenn eure Verbrecherjagd Erfolg hatte!«

»Ja, gerne! Aber so schnell geht es noch nicht. Wir müssen erst mal die Anzeige entschlüsseln. Und wenn wir wissen, wann wieder ein Gang zur Grenze starten soll, dann haben wir die Schmuggler damit noch lange nicht.«

»Na, seht mal zu! Und nun lauft, damit ihr pünktlich zum Essen kommt! Na, Schiller, oder wie du heißt, du hast ja überhaupt nichts gesagt! Bist du stumm oder schüchtern? Bei Mutter Hebbelholz braucht man überhaupt keine Angst zu haben!«

Egon gab zur Antwort: »Ich bin nicht stumm und nicht betreten! Ich spreche nur, wenn es vonnöten! So sag ich jetzt nur: Danke schön! Und außerdem: Auf Wiedersehn!«

Damit verschwanden die drei aus der Tür.

Frau Hebbelholz sah ihnen etwas verblüfft nach und dachte bei sich: *Süße Bengel!*

Frau Hebbelholz blieb nicht lange allein. Karl und Michael kamen zum Mittagessen.

»Da seid ihr ja!«, begrüßte sie die beiden. »Ich habe extra etwas Gutes gekocht. Das habe ich den beiden

Herren gestern Abend noch versprochen. Sie waren ja so besorgt um dich, Michael! Du hättest auch nicht so trotzig sein, sondern wieder mit ihnen ins Lager gehen sollen!«

»Das sagen Sie so einfach!«, erwiderte Michael. »Aber ich will das nicht! Solange nicht bewiesen ist, dass ich unschuldig bin!«

»Na ja – nun haben sie es ja erlaubt, dass du heute noch hierbleibst. Sicher haben sie sich davon überzeugt, dass du bei Tante Hebbelholz gut aufgehoben bist! Aber nun an den Tisch!«

Als das Mittagessen beendet und Herr Hebbelholz wieder an die Arbeit gegangen war, nahmen Karl und Michael je ein Geschirrtuch und trockneten ab. Ihre Gastgeberin sah es gerührt und ließ es geschehen.

»Tante Hebbelholz«, begann Karl. Diese Anrede stammte noch aus der Zeit, da er als kleiner Nachbarsjunge auf ihrem Schoß gesessen hatte. Michael hatte sie ganz selbstverständlich mit übernommen.

»Ja, mein Junge?«

»Willst du uns helfen, meinen Vater zu befreien?«

»Zu ... zu be... was?«

»Zu befreien! Er ist gefangen!«

»Gefangen?« Die dicke Frau nahm die Hände aus dem Wasser, stemmte sie in die Seiten – ohne auf das Wasser zu achten, das an ihrem Kittel herunterlief – und blickte erschüttert Karl an.

»Ja«, bestätigte der. »Gefangen bei Jupp Schönberger!«

»Dachte ich mir's doch! Da haben die drei wirklich recht gehabt! Der Schönberger steckt da drin! Aber warum haben sie denn deinen Vater ...«

»Was für drei?«, unterbrach Michael.

»Na, eure drei Freunde! Wie sie heißen, weiß ich nicht mehr. Nur der eine, der hieß Schiller. Er sagte die ganze Zeit nichts, nur am Schluss, da machte er mir sogar ein Gedicht. Ist ein netter Bengel.«

»Die waren hier? Was wollten die denn?«

»Sie haben nach Salzburg telefoniert. Das heißt, genau genommen habe ich es getan. Sie hatten eine Anzeige aus der Zeitung. Damit haben sie dann rausgekriegt, dass der Schönberger nicht ganz sauber ist, weil er die Anzeige ausgeschnitten hat.«

»Ja«, sagte Michael, »wir sind inzwischen auch darauf gekommen.«

»Woher wisst ihr denn, dass der Vater bei Jupp Schönberger ist, und auch noch gefangen?«, fragte Frau Hebbelholz.

Karl zog den Zettel aus der Tasche, den sie in der Mülltonne gefunden hatten, und hielt ihn ihr unter die Nase. »Kennst du das hier?«

Frau Hebbelholz las.

Sie stutzte, blinzelte, las wieder. Dann stürzte sie zum Tisch, zog die Schublade auf, setzte sich ihres Mannes Lesebrille auf und las noch einmal.

»Das kommt mir bekannt vor!«, sagte sie endlich. Sie las es abermals durch.

»Das kommt mir komisch vor!«, sagte sie dann.

Jetzt lachte Karl. »Weißt du, was das ist, Tante Hebbelholz?«

»Nein«, gestand sie kleinlaut, aber laut.

»Du hast das, was hier draufsteht, am Telefon von meinem Vater gehört. Schönberger hat es aufgeschrieben und ihn gezwungen, das vorzulesen! Ich kenne Schönbergers Handschrift genau, weil er bei meinem Vater manchmal etwas geschrieben hat.«

»Ah ... du meinst ...«, dämmerte es Frau Hebbelholz, »das hat er deinen Vater sagen lassen, damit ihm niemand nachspioniert und auf diese Weise rauskommt ...«

»Genau!«, bestätigte Karl.

»Unerhört!«, empörte sich Frau Hebbelholz so laut, dass die Jungen schon fürchteten, es könnte drei Straßen weiter in der Metzgerei verstanden werden. »Da ist ja eine Schandtat schlimmer als die andere! Den Herrn Seidel gefangen zu nehmen! Man sollte den Burschen gehörig auseinandernehmen ...«

»Eben«, unterbrach Karl, der das Eisen schmieden wollte, solange es heiß war. »Aber erst müssen wir meinen Vater befreien, und dazu brauchen wir deine Hilfe!«

»Auf mich könnt ihr zählen!«, rief Frau Hebbelholz begeistert, und am liebsten wäre sie gleich mit dem Kartoffelstampfer zur Metzgerei gestürmt.

»Wir haben folgenden Plan«, begann Karl und setzte sich. »Wahrscheinlich ist mein Vater in Schönbergers Haus versteckt. Ich nehme an, im Keller, weil man draußen sicher nicht hört, wenn da drinnen jemand um Hilfe ruft. Wir waren schon da und haben festgestellt, dass man nicht hineinkommt. Wir werden es darum mit List versuchen – wenn du mitmachst, Tante Hebbelholz!«

»Natürlich!«

»Gut! Du gehst nachher und kaufst Fleisch, ohne zu bezahlen. Du sagst, du würdest das Geld gleich noch vorbeibringen. Heute Abend, wenn Schönberger zu Hause ist, schleichen wir uns auf den Friedhof und verstecken uns hinter der Mauer. Du gehst hin und bringst ihm 100 Euro.«

»Was? Ich soll dem Kerl auch noch so viel Geld geben?«

»Nein, er soll dir auf 100 Euro rausgeben. Das ist nämlich der Sinn der Sache. Er wird dann wahrscheinlich ins Wohnzimmer gehen oder in die Küche, um Wechselgeld zu holen. Die Gelegenheit nutzen wir, um schnell ins Haus zu schlüpfen. Gleich rechts neben der Tür geht die Treppe rauf. Da springen wir leise hoch und verstecken uns. Wenn er mit dem Geld wiederkommt, sind wir längst nicht mehr zu sehen!«

Frau Hebbelholz war sichtlich beeindruckt. »Kinder, Kinder! Eine tolle Idee, die ihr da habt! Wenn es aber nun nicht klappt und er euch erwischt?«

»Der erwischt uns schon nicht! Wenn er aus dem Haus geht – abends geht er immer weg –, dann suchen wir meinen Vater und steigen zum Fenster aus!«

»Da mache ich mit! Ich gehe sofort und hole Fleisch, aber nur für zwei Euro, damit er mir recht viel rausgeben muss!«

Damit war die Sache erledigt, und die zwei machten sich zunächst wieder an den Abwasch.

Nicht nur Schmuggler sind in Aktion

Es gab heute Gulasch.

Hartwig stieß Manfred an, der neben ihm saß, und sagte (ohne sich an die Regel zu halten, dass man mit vollem Mund nicht sprechen sollte): »Weißt du, was ich mir dauernd überlege?«

Manfred spießte eine Kartoffel auf und riet: »Ob's Nachschlag gibt?«

»Quatsch!«, knurrte Hartwig so leise, dass keiner der anderen Jungen es verstehen konnte. »Ich meine den Zeitungsausschnitt.«

»Nun?«

»Vielleicht ist da gar nicht die Zeit verschlüsselt, wann die deutschen Schmuggler sich wieder was abholen sollen oder sich mit den Österreichern treffen sollen.«

»Aber es war doch deine Idee, dass sie durch die Zeitung Nachricht geben könnten!«

»Ja, tun sie auch! Immer an dem Tag, an dem die bestimmte Anzeige erscheint, ist was zu holen!«

»Meinst du?«

»Ich meine nicht, aber es kann doch sein, nicht wahr? Das wäre dann heute!«

»Hmmm«, brummte Manfred, was ihm gar nicht schwerfiel, da er eine dicke Kartoffel im Mund hatte. »Es käme auf einen Versuch an.«

»Sollen wir mal heute Nacht Wache schieben?«

»Und wenn man merkt, dass wir weg sind? Dann macht Hannes Krach!«

»Der merkt nichts!«, war sich Hartwig sicher. »Erstens schleichen nur wir drei uns weg, und zweitens habe ich vorhin mitgekriegt, dass Hannes und Hazweio heute Abend nach der Andacht noch mal ins Dorf wollen, um nach Micki zu sehen.«

»Gut, gehen wir! Aber jetzt müssen wir uns beeilen, sonst essen die anderen die Schüssel ohne uns leer!«

Es wurde schon dämmrig.

Die gewaltige Frau Hebbelholz schritt zielbewusst auf die Haustür des allein lebenden Herrn Schönberger zu.

Einen Augenblick zögerte sie, dann drückte sie lange und kräftig auf den Klingelknopf.

Zwei Augenpaare verfolgten über die Friedhofsmauer hinweg alle ihre Bewegungen.

Es dauerte ziemlich lange, bis das Licht im Flur eingeschaltet wurde. Dann öffnete sich die Tür, und Jupp Schönberger trat ins Licht.

»Ach ... Sie, Frau Hebbelholz?«

»Jawohl!«, donnerte diese. »Ich!« Dann besann sie sich auf ihre harmlose Rolle und fügte hinzu: »Ich komme, um die Rechnung von heute Nachmittag zu begleichen. Leider werde ich in den nächsten Tagen nicht dazu kommen, Ihnen das Geld zu geben.«

Das war noch nicht einmal gelogen, denn Frau Hebbelholz hoffte sehr, dass ihr Gegenüber bald »sitzen« würde.

»Ja ... wie viel war es denn? Ich weiß es nicht mehr aus dem Kopf.«

»Zwei Euro.«

»Mehr nicht? Na, Frau Hebbelholz, das hätte auch bis später Zeit gehabt!«

»Nichts da! Will keine Schulden haben. Wir sind doch schließlich ehrliche Leute, nicht wahr?«

Jupp Schönberger lächelte mild und bescheiden und streckte die Hand aus.

Frau Hebbelholz legte einen 100-Euro-Schein auf seine Hand.

»Oh ... ob ich das wechseln kann? Moment mal!«

Frau Hebbelholz fand es unerhört, dass er sie an der Tür stehen ließ, freute sich aber doch sehr, dass er selbst verschwand.

Mit einem gewaltigen Sprung setzten Karl und Michael über das Mäuerchen, preschten über die Straße, dass die Steine nach hinten wegflogen, und huschten an Frau Hebbelholz vorbei ins Haus.

Die dicke Dame bekam einen schrecklichen Hustenanfall, so laut, dass man sein eigenes Wort nicht hätte verstehen können.

Wegen dieser glücklichen Hustenexplosion brauchten die Jungen nicht so sehr darauf zu achten, dass die Treppe nicht knarrte, und waren im Nu oben.

Da kam Schönberger zurück. »Drei Euro ... fünf Euro ... zehn Euro ... zwanzig ... dreißig ... fünfzig ... hundert«, zählte er in ihre Hand. »Stimmt's?«, fragte er.

»Auffallend genau!«, sagte die Kundin und ging.

Karl und Michael sahen sich nach einem Versteck um. Sie vergewisserten sich, dass sie im Notfall schnell hinten ausweichen konnten, kamen dann aber zurück an die Treppe, um zu lauschen.

Es geschah gar nichts. Schönberger war offenbar im Wohnzimmer und hatte das Fernsehgerät angeschaltet. Man hörte ein leises gleichmäßiges Sprechen.

Sie warteten längere Zeit.

»Bist du dir auch sicher, dass er noch weggeht?«, fragte Michael flüsternd.

»Ja, er ist fast jeden Abend in der Gastwirtschaft. Vielleicht geht er heute Abend sogar auf Schmuggelgang und ist deshalb noch hier.«

»Dann müssen wir also warten.«

Sie warteten.

Draußen wurde es inzwischen dunkel.

Das Fernsehprogramm wechselte die Musik. Sonst geschah nichts.

Bald war eine Stunde vergangen. Ihre fieberhafte Spannung hatte sich langsam gelegt. Sie hockten in einem Türrahmen und warteten.

Eine zweite Stunde verging. Sie langweilten sich.

Plötzlich wurde es unten still.

Man hörte Stuhlrücken. Eine Tür wurde geöffnet. Schönberger schien zusammenzusuchen, was er für den Abend brauchte.

Die beiden Lauscher schlichen an die Treppe – immer bereit, sofort zu verschwinden, falls Schönberger nach oben kommen sollte.

Überall im Haus schaltete Schönberger nun das Licht aus. Es war völlig dunkel. Dann hörten sie, wie der Mann das Haus verließ. Er schloss die Tür, drehte den Schlüssel um und zog ihn heraus. Seine Schritte entfernten sich.

»Jetzt!«, flüsterte Karl.

»Augenblick noch!«, hielt Michael ihn zurück. »Vielleicht kommt er wieder.«

Als einige Minuten lang nichts zu hören war, standen sie auf. Jetzt ging es also darum, das Versteck zu finden. Wahrscheinlich war es im Keller, also musste man dort anfangen.

Karl knipste die mitgebrachte Taschenlampe an, dann gingen sie die Treppe hinunter. Sie glaubten zwar, mit Karls Vater allein im Haus zu sein, aber dennoch war es ihnen unheimlich zumute.

»Geht es hier in den Keller?«, fragte Michael flüsternd, obwohl eigentlich kein Grund mehr bestand, sich leise zu verhalten.

»Ja.«

»Dann komm!«

Michael öffnete die Tür.

Karl leuchtete hinunter und stieg einige Stufen die Treppe hinunter.

»Papa!«, rief er zaghaft.

Keine Antwort.

»Du musst lauter rufen«, sagte Michael.

»Papa!«, rief Karl.

Es hallte unheimlich.

Dann noch einmal, lauter: »Papa!«

»Wer ist da?«, rief jemand. Die Stimme kam aus dem hinteren Keller.

Auf einmal war alle Furcht von Karl abgefallen. »Papa!«, jubelte er und sprang hastig die Stufen hinunter.

Michael kam kaum hinterher.

»Wo bist du? Ruf noch mal!«

»Ich bin im Keller. Von der Treppe aus rechts und nachher noch einmal rechts. Hier – hier!«

Dann standen die beiden vor der stählernen Tür. »Bist du hier drin?«

»Ja! Du, Karl? Wie kommst du hierher? Hast du denn gewusst, wo ich bin?«

»Nein, aber erraten! Mit Michael, meinem Freund. Der steht neben mir. Er ist einer von den Jungen aus dem Zeltlager oben am Berg. Wir haben es rausgekriegt, weil wir den Zettel fanden, auf dem das Telefongespräch stand.«

»Das musst du mir später noch mal ausführlicher erzählen, Karl«, rief Herr Seidel durch die Tür. »Jetzt sieh mal zu, wie du mich hier herauskriegst.«

»Leichter gesagt als getan, Vater. Es steckt kein Schlüssel drin.«

Karl und Michael rüttelten an der Tür, sie schoben und zogen, traten und warfen sich dagegen – es nützte nichts.

»Das hat keinen Sinn, Karl! Ihr müsst mal sehen, ob ihr im Haus irgendwo den Schlüssel findet. Es kann aber auch sein, dass Schönberger ihn mitgenommen hat.«

»Wann kommt er denn wieder? Bis dahin müssen wir dich doch raushaben!«

»Er ist heute Abend auf Schmuggelgang. Da fällt mir was ein. Ist dein Freund noch da?«

»Ja«, antworteten Karl und Michael wie aus einem Mund.

»Michael war dein Name, nicht wahr? Michael, tust du mir einen Gefallen? Lauf doch bitte schnell zur Polizei und sag, sie sollten heute Abend die Schmuggler fangen. Der Punkt, wo die Sachen abgeholt werden müssen, ist in der Nähe eures Lagers. Man muss noch ein Stück bergauf ...«

»Weiß schon!«, rief Micki und raste davon. Im ersten Stock öffnete er im Wohnzimmer das Fenster Richtung Straße und sprang hinaus.

Willi Seidel war sehr erstaunt. Er fragte: »Soll das heißen, Karl, dass er weiß, wo das Versteck ist?«

»Allerdings!«, lachte sein Sohn draußen. »Er hat es doch entdeckt!«

»Entdeckt?«

Pause.

»Ja ... dann ist wohl schon alles verraten? Dann ist die Polizei schon hinter ihnen her?«

»Das nicht«, sagte Karl etwas verlegen, »die Polizei weiß es noch nicht.«

Herr Seidel antwortete zunächst nicht. »Das verstehe ich nicht!«, behauptete er schließlich.

»Michael hat das Versteck gefunden und mich geholt, damit wir beide die Schmuggler beobachten sollten.«

Hastig fragte Karls Vater: »Und habt ihr sie denn beobachtet?«

Karl nickte. Erst nach einer Weile fiel ihm ein, dass sein Vater das ja nicht sehen konnte, und er sagte leise: »Ja.«

Auf einmal begriff Herr Seidel. Dann hatten sie ja auch ihn gesehen! Die Polizei wusste es deshalb nicht, weil sie ihn nicht verraten wollten!

Karls Vater schluckte.

Keiner sagte etwas.

Dann begann Willi Seidel mit brüchiger Stimme, als wollte er eine Rede halten: »Du ... Karl ...« Aber dann schwieg er wieder. Er konnte nichts sagen!

Er lehnte sich an die Wand. Ihm wurde schwindelig.

»Papa?«, fragte Karl. »Papa, was ist? Warum sagst du nichts?«

»Ist schon gut, Junge. Später sage ich mehr. Jetzt lass uns schauen, wie ich hier herauskommen kann.«

»Ich gehe einen Schlüssel suchen.«

»Warte mal! Ich bin unangenehm gefesselt, mit Isolierband. Hast du ein Taschenmesser?«

»Ja, aber wo soll ich das reinschieben? Die Tür dichtet überall gut ab.«

Karl untersuchte den ganzen Türrahmen im Schein der Taschenlampe. »Ich sehe keine Möglichkeit!«

»Dann schau mal oben nach, ob du irgendwo eine Rasierklinge findest. Die kann man vielleicht am Rand durchschieben.«

»Gut.«

Karl entfernte sich.

Sein Vater hing seinen trüben Gedanken nach. Wie hatte er seinen Sohn enttäuscht! Was mochte der wohl gedacht haben, als er ihn mit den Schmugglern sah? Und dann hatte Karl nicht die Wut bekommen, er hatte sich nicht stolz über seinen Vater erhoben, sondern ihn noch geschützt und nichts verraten!

Der andere sicher auch, der Michael. Dadurch waren sie wohl so schnell Freunde geworden.

Karl kam zurück. »Vater, ich habe nichts gefunden! Keine Rasierklinge und auch keinen Schlüssel. Ich habe alle Türschlüssel mitgebracht, die ich finden konnte, vielleicht passt einer.«

Karl probierte wohl eine Viertelstunde lang. Aber die Tür öffnete sich nicht.

»Es hilft nichts, Karl, wir müssen warten, bis die Polizei sie erwischt und Jupp den Schlüssel abnimmt.«

»Wollen wir hoffen, dass sie erwischt werden!«

»Was machen wir denn, wenn Jupp wiederkommt? Nun,

die Polizei wird schon auf Draht sein. Aber wenn wir jetzt Zeit haben, kannst du mir ja erzählen, was du alles erlebt hast.«

»Ja, und du auch, Papa!«

Nun machte jeder der beiden es sich auf seiner Seite der Stahltür so bequem wie möglich und berichtete seine Erlebnisse.

Hartwig streckte den Kopf aus dem Zelt.

»Jetzt gehen Hannes und Hazweio ins Dorf. Sie wollen noch mal zur Polizei und dann Michael holen. Er darf nicht mehr unten bleiben, aber von allein kommt er anscheinend nicht.« Dann fügte er hinzu: »Wir warten noch etwas, und dann geht's los.«

Er kroch zurück und begann, sich die Sachen anzuziehen, die er vor einer halben Stunde ausgezogen hatte.

Egon und Manfred waren auch bald fertig.

Sie spähten in die Dunkelheit. Niemand war zu sehen.

Schnell huschten sie aus dem Zelt und aus dem Lager.

»Wir müssen ein paar Büsche suchen, in die wir uns verkriechen können, um zu warten«, flüsterte Manfred, als sie zur Wegkreuzung gingen.

Hartwig erwiderte: »Ich habe mich schon umgesehen. Folgt mir!«

Bald tauchte aus dem Dunkel etwas auf, was wie ein Gebüsch aussah.

»Hier müssten sie vorbeikommen.«

»Ja, das denke ich auch«, bestätigte Manfred. »Das Gebüsch ist ideal. Wenn wir uns hier drin verstecken, sehen sie uns nicht. Wenn sie dann vorbei sind, folgen wir ihnen.«

Die drei Jungen machten es sich so bequem wie möglich. Ein bisschen aufgeregt waren sie schon, obwohl sie sich das nicht anmerken ließen.

Es dauerte lange.

Die Zeit verging, und um die Langeweile zu vertreiben, begannen sie, sich leise zu unterhalten.

Als etwa eine Stunde vergangen war, mahnte Hartwig zur Ruhe: »Jetzt müssen wir aber still sein, damit sie uns nicht etwa eher bemerken als wir sie.«

Lange brauchten sie nicht mehr zu warten. Egon stieß seine Kameraden rechts und links an und zeigte auf den Weg. »Sie kommen!«

Drei Gestalten tauchten aus dem Dunkel auf und kamen keuchend den Weg herauf. Man konnte sie nicht genau erkennen. Die drei Beobachter bemerkten nur, dass der eine ziemlich dick war.

Allmählich verschwanden die Schmuggler bergauf.

»Hinterher!«

Die Verfolger huschten auf den Weg und schlichen vorsichtig hinter den Männern her.

Egon, der in der Aufregung wieder einmal seine poetische Ader vergaß, flüsterte: »Ich schleiche etwas näher ran, bleibt ihr immer etwa dreißig Meter hinter mir. Einer wird nicht so leicht entdeckt wie drei und kann sich notfalls schneller verstecken!«

Nachdem die anderen ihm zugestimmt hatten, eilte Egon leise den Weg bergauf, bis er die Schmuggler schattenhaft vor sich sah.

Es war schwieriger, als die drei es sich vorgestellt hatten. Die Dunkelheit, die für sie einerseits ein Vorteil war, hinderte sie aber auch, die Bewegungen der Verfolgten aus genügendem Abstand zu erkennen. Außerdem konnte man den Weg nicht sehen, und so kam es öfter vor, dass ihre Füße verräterische Geräusche machten. Anscheinend keuchten die drei Männer so sehr und machten selbst so viele Geräusche, dass ihnen jedoch nichts auffiel.

Wie weit und wie lange sie so geschlichen waren, konnte Egon nicht genau sagen.

Auf einmal führte der Weg in eine Waldschneise hinein.

Egon blieb stehen. Als die zwei anderen Jungen herangekommen waren, flüsterte er: »Es hat keinen Zweck. Da drin ist es so stockdunkel, dass ich fünfzig Zentimeter hinter ihnen gehen müsste, um sie zu sehen.«

»Was machen wir?«, fragte Manfred.

Hartwig meinte: »Kein Problem! Es ist unwahrscheinlich, dass sie abwärts mit dem Gepäck einen anderen Weg nehmen als aufwärts. Wir ziehen uns hier in den Waldrand zurück, und wenn sie kommen, schleichen wir wieder hinter ihnen her!«

Hartwig versteckte sich rechts, Egon und Manfred links vom Weg.

Es wurde kühl.

Wieder einmal hieß es warten.

Dann, nach etwa dreißig Minuten, hörten sie die schweren Schritte der näher kommenden Schmuggler. Die Neigung des Weges und die schweren Lasten, die sie zu schleppen hatten, ließen sie fest auftreten.

Jetzt kamen sie aus dem Wald.

Man konnte ziemlich deutlich erkennen, dass sie zwei große Kisten trugen. Der Dicke ging in der Mitte und hielt rechts und links je einen der Griffe. Am anderen Ende der Kisten trugen die beiden anderen Männer, von denen sich jeder noch etwas auf die Schulter geladen hatte. Die Last schien schwer zu sein.

Die Jungen verließen ihr Versteck und schlichen hinter den Schmugglern her, vorsichtig, in sicherem Abstand.

Plötzlich geschah es.

Manfred blieb mit dem Fuß in einer Wurzel hängen – stolperte – wollte sich noch fangen – und fiel der Länge nach auf den Weg.

Er unterdrückte gewaltsam ein »Au!«, obwohl er am liebsten laut geschrien hätte.

Doch die rollenden Steine machten genug Lärm.

Wie auf Befehl blieben die Männer stehen.

»Absetzen!«, flüsterte Jupp Schönberger.

Im Nu drehte er sich um und lief den Weg zurück.

Die Jungen merkten, dass die rollenden Steine sie verraten hatten.

»Weg!«

Hartwig flüchtete mit Egon nach links hinüber. Irgendwo warfen sich die beiden flach auf die Erde.

Manfred raffte sich auf und wollte fliehen. Aber er hatte sich so schlimm wehgetan, dass er nicht schnell vorwärtskam. Er hörte den keuchenden Atem eines Verfolgers hinter sich. Da warf er sich seitlich in die Büsche. Der Mann lief vorbei.

Manfred sprang auf und rannte über eine Wiese. Im selben Augenblick waren die beiden anderen Schmuggler herangekommen. Sie sahen den Jungen und sprangen sogleich hinter ihm her.

Manfred merkte, dass er abermals verfolgt wurde, und lief wie um sein Leben.

Da war eine Schonung!

Manfred sprang hinein, sodass ihm die Äste ins Gesicht schlugen, und arbeitete sich durch. An einer dichten Stelle blieb er stehen.

Er hörte das Rascheln und Keuchen der Männer.

Wenn er sich hier still verhielt, würden sie ihn wohl nicht entdecken, da man hier nichts sehen und höchstens nach Gehör suchen konnte.

Plötzlich rief einer der Männer: »Jupp! Hierher!«

Manfred hörte, wie die Suchenden sich langsam entfernten. Nach kurzer Zeit kam der dritte Mann, den sie mit Jupp angeredet hatten, herbei. Manfred stellte zufrieden fest, dass sein Verdacht in Bezug auf Jupp Schönberger berechtigt gewesen war.

»Bleibt doch mal stehen!«, hörte Manfred ihn ganz in seiner Nähe rufen. »Vielleicht hören wir ihn!«

Es wurde still.

Ah, dachte Manfred. *Wenn es darum geht – ich lasse es gern auf eine Probe ankommen, wer am längsten still stehen kann.*

Inzwischen hatten Hartwig und Egon gemerkt, dass alle drei Schmuggler hinter Manfred hergelaufen waren. Offenbar war er ihnen entwischt, denn sie kamen nicht wieder.

»Zu dumm!«, zischte Hartwig. »Jetzt können wir sie nicht mehr verfolgen! Sie werden sehr aufpassen!«

»Ist ja auch nicht nötig«, flüsterte Egon zurück. »Wir

wissen nun, dass Jupp Schönberger dabei ist. Das reicht doch!«

»Es wäre trotzdem gut, wenn wir sie verfolgen könnten. Dann würden wir sehen, wo sie die Sachen verstecken. Sonst könnte Schönberger einfach leugnen, und niemand kann ihm etwas nachweisen.«

»Hm ... das stimmt! Aber was machen wir jetzt? Mit Verfolgung ist es nun wohl aus.«

»Sei mal still!«

Sie lauschten.

Hartwig flüsterte: »Da hat jemand gerufen.«

Dann hörten sie wieder jemanden rufen.

Verstehen konnte man nichts. Es war zu weit weg.

Plötzlich sprang Hartwig auf. »Ich hab 'ne tolle Idee! Komm schnell mit!«

Schon sauste er davon.

Egon huschte hinterher und wunderte sich, dass Hartwig zu den großen Kisten lief, die die Schmuggler am Weg hatten stehen lassen.

»Was willst du denn hier? Das ist gefährlich! Vielleicht kommen sie gleich zurück!«

»Red nicht so viel, hilf mir lieber!«

Hartwig öffnete eine der Kisten. Sie war nicht verschlossen. Der Deckel ließ sich aufklappen. Sehen konnte man nichts.

Sie fühlten Tücher. Hartwig schlug sie zur Seite. Darunter lag eine Schicht von Plastikbeuteln mit pulverartigem Inhalt.

»Ob das Rauschgift ist oder nur harmloser Bohnenkaffee?«, fragte Hartwig leise.

»Keine Ahnung. Ich würde nur großen Wert darauf legen, dass du mir freundlicherweise sagst, was du hier vorhast!«

»Ich will die Kiste leer machen.«

Hartwig nahm einige Beutel, dazu größere und kleine Schachteln, und sprang zum nächsten Gebüsch, um sie dort zu verstecken.

Egon dachte: *Jetzt ist er übergeschnappt!* Aber auch er nahm nun einige Gegenstände heraus und trug sie fort.

Einige Male liefen sie zwischen der Kiste und dem Gebüsch hin und her – immer scharf aufpassend, ob die Schmuggler inzwischen nicht zurückkamen.

Jetzt lagen Flaschen in der Kiste. Der ganze Boden schien damit bedeckt zu sein. Sie waren mit Holzwolle gut verpackt.

Im Nu war die Kiste leer.

Egon traute seinen Augen nicht, als Hartwig in die Kiste stieg, sich krümmte, so sehr es ging, und es sich auf dem Boden »bequem« machte. Er passte gerade so hinein.

»Jetzt decke mich mit den Tüchern zu und schließe den Deckel!«, beauftragte er den verblüfften Lagerdichter.

»Bist du verrückt, Hartwig? Wozu denn das?«

»Damit ich das Versteck der Schmuggler finde! Es gibt keine andere Möglichkeit. Jetzt mach zu, sonst erwischen sie uns noch!«

»Eine letzte Frage sei mir gestattet«, sagte Egon bedrückt. »Wirst du auch genug Luft bekommen?«

Hartwig betastete die Wände. »Hier sind zwischen den Brettern Schlitze. Du kannst ja sicherheitshalber mit dem Taschenmesser noch etwas bohren. Aber erst mach zu!«

Egon deckte seinen Freund liebevoll zu und schloss schweren Herzens den Deckel. Es war ihm zumute, als hätte er den guten Hartwig eben in einen Sarg gelegt.

Noch einmal spähte er bergauf. Anscheinend suchten die Männer immer noch nach Manfred.

Egon zog sein Taschenmesser hervor und begann an der Kiste herumzuschnitzen. Glücklicherweise war das Messer scharf. Er hatte es selbst geschliffen. Die Späne flogen. Bald hatte er ein Loch herausgearbeitet, das groß genug war, um zwei Finger hindurchstecken zu können.

Da hörte Egon ein Geräusch.

»Sie kommen!«, flüsterte er durch das Loch, und schon war er verschwunden.

Ob sie etwas merken würden?

Schiller setzte sich hinter den Busch, in dem sie die Ware versteckt hatten, und wartete.

Da kamen sie alle drei.

Einer schimpfte leise vor sich hin. Man konnte nur ab und zu ein Wort verstehen: »... hätten ihn fangen müssen ... verraten ... sowieso abhauen, aber für ...«

Der Rest ging in einem Flüstern unter.

Egon beobachtete, wie sie das Gepäck aufnahmen und den Berg hinunterschritten.

Michael wunderte sich, dass in der Polizeistube, in der er mit Karl verhört worden war, noch Licht brannte.

Ohne anzuklopfen, stürzte er hinein.

»Guten Abend! Sie müssen sofort los, die Schmuggler fangen! Herr Seidel sagt, dass sie heute unterwegs sind. Kommen Sie mit, ich führe Sie!«

»Augenblick mal, junger Mann! Immer mit der Ruhe!«, mahnte der Polizist.

Michael atmete erst einmal tief durch.

»Michael? Was machst du denn hier?«, hörte er aus der Ecke des Raumes.

Er drehte sich um.

Dort saßen seine Lagerleiter Hannes Seelbach und Franz Kuhlmann, genannt Hazweio.

Der Letztere ergriff jetzt das Wort: »Wir suchen dich, Michael! Wir waren bei Karl, das heißt, bei dem Haus, in dem er wohnt. Aber da war alles dunkel, und niemand öffnete. Da sind wir zur Polizei gegangen, um uns nach dir zu erkundigen.«

»Das ist ja lustig!«, behauptete Hannes. »Die Polizei kann uns keine Antwort geben und vermutet schon wieder eine Beteiligung von euch beiden an der Schmuggelei, da kommst du hereingestürzt und willst der Polizei die Schmuggler in die Hände liefern!«

»Ich erkläre euch das später. Aber jetzt müssen wir los, damit wir sie auf frischer Tat ertappen.«

Der Polizist schaltete sich ein. »Augenblick mal! Deine Eile ist ja lobenswert. Aber ich müsste von dir erst noch einiges erklärt bekommen.«

Michael nahm gezwungenermaßen Platz und schilderte in kurzen knappen Worten alle Erlebnisse bis zur Auffindung von Karls Vater in Jupp Schönbergers Ölkeller.

»Hm«, meinte der Polizist. »Wenn die Sache so ist ...«

Er nahm den Telefonhörer ab und wählte.

»Herr Kollege, kommen Sie bitte schnell! Es gilt, einen großen Fang zu tun!«

Dann wählte er eine andere Nummer. Aus seinen erklärenden Worten entnahmen die drei, dass er Hilfe aus der Stadt anforderte. »Kommen Sie bitte so schnell wie möglich zur Polizeistation, Herr Kommissar! Wir beide müssen inzwischen unser Glück allein versuchen, sonst könnten sie uns wieder entwischen!«

Er legte auf.

»So, Michael, und nun beschreibe mal den Weg!«

»Ist es nicht besser, wenn ich Sie hinführe? Da sparen wir Zeit, und Sie können die Burschen nicht verfehlen!«

»Erstens haben wir sowieso noch Zeit, bis mein Kollege kommt, und zweitens ist eine solche Unternehmung für Kinder zu gefährlich. Es könnte vielleicht eine Schießerei geben. Also ... wo ist es?«

Notgedrungen musste Michael erzählen, wo er das Versteck gefunden hatte und von wo die Schmuggler wahrscheinlich herkommen würden.

Mittlerweile kam der andere Beamte.

Hannes, Hazweio und Micki mussten die Polizeistube verlassen. Es wurde abgeschlossen. Man bedankte sich bei Michael.

Dann verschwanden die Beamten im Dunkeln.

Jetzt erst kamen Hannes und Hazweio dazu, ihren Schützling nach allen Einzelheiten auszufragen.

Michael musste alles noch einmal ausführlich erzählen.

Sie schlenderten während des Gesprächs langsam auf das Lager zu.

»Sag mal, Michael«, fragte schließlich der blonde Chemiestudent, »warum wolltest du denn nicht ins Lager zurückkommen?«

»Ja, weißt du, Hazweio ...«, begann Michael, aber dann stockte er.

Als die anderen nichts weiter sagten, fing er nach einigen Minuten wieder an: »Ich fühle mich immer so ... ausgeschlossen. Ihr seid alle Christen. Ihr sagt das, und ich glaube es auch. Aber ich bin keiner, und alle wissen es. Und nun kam noch dazu, dass sie mich für einen Gehilfen der Schmuggler hielten. Ich hatte einfach Angst, alle würden mich schief angucken.«

Nach einer Weile sagte Hannes: »Ich kann das alles verstehen, Michael. Aber du hast einen einzigen großen Fehler gemacht.«

Michael schaute zu dem jungen Mann auf, konnte aber in der Dunkelheit nichts in dessen Gesichtszügen lesen.

Der Jungscharleiter fuhr fort: »Du hast immer nur danach gefragt, wie die anderen über dich denken und ob du zu ihnen passt. Du hast dich mit ihnen verglichen und hast versucht herauszukriegen, was für eine Meinung sie von dir haben. Aber du hast nie nach Gott gefragt, wie *er* über dich denkt, wie *er* dich sieht.«

Hannes machte eine Pause.

Als Michael keine Antwort gab, fuhr er fort: »Entscheidend ist dein Verhältnis zu Jesus. Wenn das in Ordnung ist, dann können wir versuchen, die anderen Probleme zu lösen. Du wirst sehen, das ist dann gar nicht mehr so schwer!«

Nach einer Weile sagte Michael: »Ich wollte ja schon lange ein ganzer Christ werden. Aber ich wusste nicht, wie ich das machen soll, verstehst du? Ich habe mir alle Mühe gegeben, so zu sein wie die anderen – aber es hat nie richtig geklappt. Zum Beispiel beim Fußballspiel damals.«

»Siehst du, Michael, da machst du wieder genau den gleichen Fehler, indem du sagst: ›Ich habe mir Mühe gegeben, so zu sein wie die anderen.‹ Dabei denkst du an die anderen statt an Jesus! Christ sein fängt damit an, dass man mit Jesus Christus in Verbindung tritt, dass man mit ihm redet, also betet.«

»Wie ... äh ... einfach so beten?«

»Ja!«

»Das ist dann ja eigentlich ziemlich einfach.«

»Allerdings!«

»Ja ... und was soll ich denn beten?«

»Alles, was dich bewegt. Du sagst das alles Christus im Gebet, so als wenn er dein bester Freund wäre. Und das ist er ja eigentlich auch. Schau mal, gestern Abend war Manfred in einer ähnlichen Lage wie du. Was ihn bedrückte, war, dass er dich verraten hatte. Es fiel ihm furchtbar schwer, seinen Fehler zuzugeben. Lieber hätte er alles andere gemacht, nur nicht das. Aber er kam dabei nicht zur Ruhe. Doch als er dann alles Jesus gesagt und ihn um Vergebung gebeten hatte, war er wieder froh. Ich weiß das, denn ich bin dabei gewesen.«

Hazweio ergänzte noch, als Michael keine Antwort gab: »Wir erkennen an, dass du es gut gemeint hast, als du Karls Vater nicht verrietest, obwohl es vielleicht nicht das Beste war, was du tun konntest. Nur – das musst du begreifen: Du könntest noch viel mehr tun, aber damit bist du noch lange kein Christ. Selbst wenn du dein Leben für eine gute Sache opfern würdest oder so etwas. Ein ganzer Christ ist einer, der sein ganzes Leben Christus übergeben hat.«

Nach einigem Zögern und Überlegen sagte Michael: »Das will ich auch!«

Was dann geschah, soll nicht bis in alle Einzelheiten beschrieben werden. Es gibt Dinge, Erlebnisse und Entscheidungen, deren Auswirkungen zwar andere Menschen sehen können, die aber im Letzten ein Geheimnis zwischen Gott und dem einzelnen Menschen bleiben. Manchmal auch zwischen einigen Menschen, die sich gegenseitig volles Vertrauen schenken.

Die drei setzten sich auf ein Mäuerchen am Dorfausgang. Hannes und Hazweio beteten und dankten Gott, dass er Michael klargemacht hatte, worum es eigentlich geht.

Und dann betete Michael. Er sprach aus, was ihn bewegte, und wusste, dass Gott ihn hören würde. Dann bat er Gott, ihn als sein Kind anzunehmen, und versprach, ihm zu folgen.

Als die drei von dem Mäuerchen aufstanden, wusste Michael, dass mit ihm etwas anders geworden war. Er hatte den ersten Schritt auf einem Weg getan, den er sein ganzes Leben lang gehen wollte.

Allmählich stiegen die drei den Berg hinauf.

Die beiden Lagerleiter nutzten die Gelegenheit, Michael zu erzählen, was sie während seiner Abwesenheit im Lager erlebt hatten. Plötzlich blieben alle drei wie auf Befehl stehen.

Sie hörten, wie ihnen jemand entgegengelaufen kam. Noch ehe sie sich recht besinnen konnten, raste ein Mann an ihnen vorbei ins Tal, und das mit einer Geschwindigkeit, die einem Olympiakämpfer Ehre gemacht hätte.

»Das war Jupp Schönberger, der Hauptschmuggler!«, rief Michael.

Hannes fragte: »Ob er den Polizisten entwischt ist?«

»Dann müssen wir schnell hinterher!«, rief Hazweio. »Sonst flüchtet er, da er sich erkannt weiß!«

»Er ist nicht mehr zu sehen! Aber du weißt ja den Weg, Michael! Schnell!«

Alle drei drehten sich um und liefen in die Dunkelheit hinein auf das Dorf zu.

SÜSSE KLEINE BENGEL!

Die beiden Polizisten hatten sich an dem Weg versteckt, den Michael ihnen beschrieben hatte.

Sie brauchten nicht sehr lange zu warten.

Drei Männer, die keuchend schwere Lasten trugen, näherten sich. Als sie nur noch einige Meter von ihnen entfernt waren, zogen die Beamten ihre Waffen und traten auf den Weg. »Bleiben Sie stehen! Sie sind verhaftet!«

Die drei Schmuggler zuckten zurück.

Wenn es nicht so dunkel gewesen wäre, hätte man sicher gestaunt, wie bleich ein Mensch werden kann, ohne in Ohnmacht zu fallen.

Der Schreck des Dicken in der Mitte war so groß, dass er die Griffe der schweren Kisten losließ, sodass die anderen Träger eine Kante heftig ans Bein bekamen.

»Au!«, schrie jemand. Der von rechts schaute nach links, und der von links blickte nach rechts, weil jeder dachte, der andere hätte geschrien. Dass der Schrei aus der Kiste kommen könnte, war ja unmöglich.

Die beiden Beamten traten heran. »Da haben wir ja einen schönen Fang gemacht!«

Der eine knipste die Taschenlampe an. »Wollen doch mal sehen, mit wem wir die Ehre haben.«

Er leuchtete dem ersten Mann ins Gesicht. »Ah, sieh da, wir kennen uns doch, nicht wahr, Alli?«

In diesem Augenblick sprang der dritte Mann mit einem riesigen Satz seitwärts in die Büsche, schlug sich durch und rannte über die Wiese fort.

»Stehen bleiben, oder ich schieße!«

Aber es war kein Ziel zum Schießen mehr da. Die Dunkelheit hatte den Flüchtenden schon verschluckt.

Sollte einer hinterherlaufen?

»Wir bleiben hier!«, sagte der erste Beamte auf die unausgesprochene Frage. »Sonst gehen uns die beiden hier auch noch stiften. Verfolgung hat bei der Dunkelheit keinen Sinn.«

»Den kriegen Sie sowieso!«, sagte jemand.

Aus dem Gebüsch trat ein Junge.

»Wie ... was ... wer bist du denn?«, fragte leicht verwirrt einer der Polizisten.

»Meine Eltern haben mich Egon genannt. Hier meist unter dem Namen Schiller bekannt.«

Wenn die beiden Schmuggler geistesgegenwärtig gewesen wären, hätten sie jetzt leicht verschwinden können. Die Beamten waren so verdutzt, dass sie im Augenblick gar nicht an die Gefangenen dachten.

»Warum kriegen wir den sowieso?«, fragte schließlich der zweite Polizist.

»Weil ich ihn kenne!«, gab Egon zur Antwort, der sich nun darauf besann, dass es vielleicht doch besser wäre, mit den Hütern des Gesetzes in Prosa zu verhandeln. »Es ist der Metzger Jupp Schönberger.«

»Ja, sag mal, Junge, wie kommst du denn hierher?«, begann der Polizist zu schimpfen. »Seit wann mischen sich denn Kinder in Schmugglergeschichten, die nur die Polizei etwas angehen? Hab jetzt langsam genug von den Jungen, die mir dauernd über den Weg laufen und zu schaffen machen! Was treibst du dich überhaupt so spät in der Nacht noch hier herum?«

Egon war etwas erschrocken über den unfreundlichen Empfang. »Aber, Herr Wachtmeister«, begann er stockend. »Ich helfe Ihnen doch nur. Sie sollten dankbar sein, dass wir bei der Aufklärung ...«

»Was? Dankbar sein?«, brüllte zornig der Polizist. Es hatte ihn schon genug beschämt, dass der andere Junge vorhin ihn auf die Spur der Schmuggler gebracht hatte. Aber dass er das nun hier von diesem Naseweis auch noch »aufs Brot gestrichen« bekam, das war zu viel! »Was bildest du dir überhaupt ein, sag mal? Seit wann braucht die Polizei Hilfe von Kindern, wenn sie Verbrecher fängt? Jetzt schlägt's doch dreizehn!«

Egon hatte nicht die Absicht, sich einschüchtern zu lassen. Stolz sagte er: »Herr Wachtmeister, es schlägt nicht dreizehn, sondern es hat gerade erst Mitternacht geschlagen. Auf Wiedersehen!«

So gezielt konnte nur ein Dichter sprechen. Sprach's – und verschwand in der Dunkelheit.

Die Polizisten schauten sich sprachlos an. Da sie aber wegen der Finsternis nichts sehen konnten, zogen sie es vor, sich wieder mit den Gefangenen zu befassen. »Auf jetzt! Nehmt das Gepäck, und dann mit auf die Wache!«

Der Dicke wagte einzuwenden: »Aber, Herr Wachtmeister, wir können zu zweit nicht alles tragen!«

»Hm ... auch das noch!«, knurrte der erste Beamte missmutig. »Dann müssen wir wohl auch noch mit anfassen?«

So geschah es dann. Einer der Beamten trug an Schönbergers Stelle, während der andere mit schussbereiter Pistole hinterherging.

In einer der Kisten lag Hartwig und bekam es mit der Angst zu tun. Wenn die Polizisten so mit Schiller geschimpft hatten, was würden sie dann erst mit ihm tun? Zumal seine Unternehmung jetzt ganz unnötig war!

Er beschloss also, sich vorläufig noch nicht zu erkennen zu geben. Einmal allerdings musste der Augenblick kommen – und dann? Nun – das konnte noch etwas dauern.

Zunächst empfand Hartwig eine gewisse Befriedigung, dass der Polizist, der seinen Freund ungerechtfertigterweise ausgeschimpft hatte, ihn jetzt tragen musste – ohne allerdings zu wissen, dass er büßte.

Karl sprang auf.

»Du, Papa, da kommt jemand! Ich höre deutlich die Haustür knallen!«

»Das kann nur Schönberger sein! Kein anderer hat einen Schlüssel.«

»Er hat es anscheinend sehr eilig!«

»Der ist bestimmt der Polizei entwischt! Jetzt will er flüchten! Er sucht sich sicher noch sein Geld zusammen.«

Karl fragte: »Soll ich rauf, ihn festhalten?«

Sein Vater musste trotz des Ernstes der Lage lachen. »Du? Nein! Aber ich habe einen guten Gedanken. Vielleicht kommt er schnell noch mal herunter zu mir. Das müssen wir nutzen!«

»Wie denn?«

»Hm ... wenn ich nur nicht gefesselt wäre! Dann würde ich ihn überwältigen, wenn er reinkommt.«

Fieberhaft überlegten Vater und Sohn, während sie den Hausbesitzer oben poltern hörten.

»Pass auf, Papa!«, rief Karl plötzlich leise. »Ich stecke die Klinge meines Taschenmessers durchs Schlüsselloch.

Die Spitze wird drüben rausgucken, und daran kannst du deine Fesseln vielleicht zerschneiden!«

Tatsächlich, es ging!

Eine großartige Idee von meinem Sohn, dachte Willi Seidel stolz. Er fühlte die Spitze und zerschnitt damit das Isolierband an seinen Händen.

»Jetzt die Füße!«, rief Karl.

Willi Seidel setzte sich auf den Boden, ließ sich auf den Rücken fallen und tastete mit den zusammengebundenen Beinen an der Tür hoch.

»Er kommt!«, flüsterte Karl plötzlich.

Das Kellerlicht wurde angeschaltet.

Karl hörte die Schritte auf der Treppe. Blitzschnell zog er das Taschenmesser zurück und sprang um eine Ecke.

Im nächsten Augenblick stand auch schon Jupp Schönberger vor der Stahltür.

»Willi!«, rief er hastig. »Sie haben uns erwischt. Ich haue ab. Ich komme nur noch eben, um dich zu warnen. Falls du etwas mitbekommen haben solltest von den geheimen Verbindungen, lass dir ja nicht einfallen, etwas zu verraten! Du könntest es bereuen! Ich lasse dich vorläufig hier drin, damit du die Polente nicht zu früh auf meine Spur setzt. Ich schicke den Schlüssel morgen an die Adresse von Max. Dann können sie dich rausholen, wenn sie es vorher nicht mit Gewalt tun. Bis dahin wirst du schon nicht verhungern!«

Willi Seidel erschrak. Wollte Jupp gar nicht öffnen?

»Hörst du?«, rief Jupp.

Das brachte Willi auf einen Gedanken. Wenn er schwieg, würde Jupp vielleicht aufmachen und nach ihm sehen.

Er gab also keine Antwort.

Willi hatte sich nicht getäuscht. Jupp rief: »Hallo Willi! Lebst du noch?«

Als niemand antwortete, zog er schnell den Schlüssel aus der Tasche, schloss auf und schaute hinein. Im nächsten Augenblick sprang Willi ihn an. Er packte ihn am Hals, konnte ihn aber nicht zu Boden zwingen, weil seine Füße noch gefesselt waren.

Karl sprang von hinten heran und riss Jupp die Beine weg. Der stürzte und riss Willi, der sich nur an ihm festhalten konnte, mit zu Boden.

Dabei schlug Willi mit dem Kopf hart an die Kellerwand. Ihm schwanden die Sinne.

Diese Gelegenheit nutzte Jupp. Er sprang auf, versetzte Karl einen Stoß, sodass der in eine Ecke flog, und raste die Treppe hinauf.

Plötzlich blieb er stehen.

Zwei junge Männer kamen die Treppe herunter ihm entgegen. Es waren Hannes und Hazweio.

List ist besser als Gewalt, dachte Jupp.

Er sprang die Treppe wieder hinunter Richtung Ölkeller. Mit einer Hand stieß er Karl abermals von sich, sodass der auf seinen noch am Boden liegenden Vater fiel. Mit der anderen Hand ergriff er das Taschenmesser Karls, das noch auf dem Boden lag.

Verfolgt von den beiden jungen Männern, raste Jupp durch die Gänge. Im Laufen streckte er sich plötzlich an die niedrige Decke und schnitt mit dem Messer die elektrische Leitung durch.

Es gab einen leisen Knall – und dann lag alles im Dunkeln.

Jupp Schönberger drückte sich in eine Ecke und ließ die Verfolger vorbei, die nur einen Meter hinter ihm gewesen waren und nicht so schnell anhalten konnten.

Dann tastete sich der Schmuggler leise zurück, sprang an Karl vorbei, der verzweifelt nach seiner Taschenlampe suchte, und eilte die Treppe hinauf.

»Geschafft!«, jubelte er und sprang zur Haustür.

Was war das? Die Haustür war ja verschlossen!

Hinter sich hörte er im Dunkeln lautes Lachen. Es war Michael, der Schönbergers Schlüssel außen abgezogen, von innen zugeschlossen und den Schlüssel an sich genommen hatte. *Schnell durchs Fenster,* dachte Jupp.

Er sprang zurück und öffnete die Tür zum Wohnzimmer – das heißt, er wollte sie öffnen. Aber Michael kannte diesen Weg, er war ihn ja selbst schon gegangen. Er hatte die Tür abschließen wollen. Doch das ging nicht, weil Karl alle Schlüssel mit in den Keller genommen hatte. So stemmte er sich mit aller Gewalt dagegen.

Jupp drückte fest. Jetzt ging es ums Ganze, denn er hörte die Schritte der Verfolger die Kellertreppe heraufstürmen. Er müsste doch den Jungen wegschieben können!

Mit Gewalt warf sich Schönberger gegen die Tür. Darauf hatte Michael gewartet. Er sprang zur Seite.

Jupp Schönberger flog so lang, wie er war, auf den Fußboden.

Noch ehe er sich erheben konnte, warfen sich drei Männer und zwei Jungen auf ihn.

Gegenwehr war sinnlos.

Mit den Fesseln, die Karl seinem Vater abgenommen hatte, wurden Schönberger die Hände gebunden.

»So, jetzt auf die Wache!«, befahl Hannes.

Herrn Schönberger blieb nichts anderes übrig, als sich zu fügen. Sechs Gestalten wanderten in seltsamer Anordnung durch das nächtliche Dorf.

In der Polizeistube war nun was los!

Als die zwei Lagerleiter, Herr Seidel und sein Sohn sowie dessen Freund Michael ihren Gefangenen hereinbrachten, saßen die Polizisten bereits den anderen Gefangenen gegenüber.

Auf dem Fußboden in der Mitte des Zimmers standen zwei große Kisten.

»Hier bringen wir den dritten Mann!«, sagte Michael stolz, als die Polizisten verwundert aufblickten. Dass das ausgerechnet der Michael sagte, der vorher der Schmuggelei verdächtigt worden war, wurmte sie doch sehr.

»Bitte, setzen Sie sich einen Augenblick«, bat der zweite Polizist. »Der Kommissar wird gleich hier sein.«

Einige setzten sich auf Stühle, einige auf die Kisten.

Jupp Schönberger blieb stehen.

»Wie kommen Sie denn dazu, den Herrn Schönberger gefangen zu nehmen?«, begann der erste Beamte. »Wussten Sie denn, dass er mit der Sache zu tun hatte? Und wo kommen Sie her, Herr Seidel? Wir hatten Sie doch herbestellt, aber Sie kamen nicht!«

»Ich komme gerade aus Herrn Schönbergers Ölkeller«, berichtete Herr Seidel. »Der hatte die Freundlichkeit, mir dort unentgeltlich ein Quartier zu bereiten. Das Lager war zwar hart, aber über die Verpflegung kann ich nicht klagen.«

Die Beamten waren leicht erstaunt und sahen sich an. Was sollte das nun wieder bedeuten?

Und – sollten sie diesen Seidel jetzt festnehmen?

Ihre Verlegenheit währte nicht lange, denn nun fuhr der Polizeikommissar vor, und kurze Zeit später stürmte er mit drei weiteren Beamten herein.

Man erhob sich und grüßte.

»Guten Abend, Herr Kommissar!«, sprachen die Beamten wie aus einem Munde.

Der sah auf die Uhr und sagte: »Guten Morgen, meine Herren!«, und zum ersten der beiden Polizisten gewandt: »Wollen Sie mir bitte kurz, aber genau erklären, was hier vorgefallen ist?«

Der tat es.

Danach erzählte Herr Seidel offen, was er mit der Schmuggelei zu tun hatte und wie er von Jupp und Max gefangen genommen worden war.

Ab und zu wollte einer der drei Gefangenen etwas sagen, aber der Kommissar gebot ihnen zu schweigen. »Meine Herren, wir sind hier in keiner Gerichtsverhandlung. Da können Sie vorbringen, was Sie zu sagen haben. Jetzt nur noch eins: Wer hat Ihnen die Ware hier in Deutschland abgenommen, und wer waren Ihre Partner auf österreichischer Seite?«

Zu den anderen Beamten gewandt, fügte er hinzu: »Wir müssen nämlich schnell handeln, ehe sie gewarnt sind. Sie halten so lange die drei und auch Herrn Seidel in sicherem Gewahrsam.«

Max ergriff das Wort: »Herr Kommissar, wir – also ich und Alli und der Willi – wir sind nur die Träger gewesen. Dafür hat uns Jupp bezahlt. Alles andere hat er selbst gemacht. Er kennt auch als Einziger die Verbindungsleute hier und jenseits der Grenze.«

»Stimmt das?«, fragte der Kommissar scharf Herrn Schönberger.

»Wird wohl stimmen, wenn mein lieber Freund das sagt!«, erwiderte spöttisch der Gefragte.

»Dann geben Sie mir Namen und Adressen!«, befahl der Beamte.

»Nein!«, sagte Jupp.

»Wie bitte?«

»›Nein!‹, sagte ich. Von mir werden Sie nichts erfahren!«

»Ah ... sieh einer an! Er stellt sich störrisch! Aber wir werden schon herausbekommen, was wir wissen müssen.«

»Sie irren sich! Sie werden es nicht herausbekommen! Und jetzt geben Sie sich weiter keine Mühe mit mir, ich werde nur noch mit meinem Verteidiger sprechen!«

Der Kommissar fuhr ihn an: »Die Namen! Sofort!«

Jupp Schönberger schwieg.

In das peinliche Schweigen hinein tönte plötzlich eine gedämpft klingende Stimme: »Reicht die Telefonnummer?«

Alle Anwesenden sahen sich erschrocken um und versuchten herauszufinden, woher die Stimme kam.

»Die kann ich Ihnen nämlich geben«, sagte die Geisterstimme. »Salzburg 64631.«

Man schaute sich noch erschrockener um. Einigen standen die Haare zu Berge.

»Wer spricht?«, fragte schließlich der Kommissar beherzt.

»Ich!«, rief Hartwig. Und als ihm nach einigen Augenblicken einfiel, dass diese Auskunft vielleicht nicht genügen könnte, fügte er hinzu: »Hier in der Kiste. Die Herren, die auf mir sitzen, müssen aber erst aufstehen. Sind Sie mir auch nicht böse, dass ich mich hier hereingeschlichen habe?«

Hazweio und Herr Seidel, die auf der Kiste gesessen hatten, fuhren wie von einer Tarantel gestochen in die Höhe. Der Deckel öffnete sich, und ein Junge kam zum Vorschein.

In den Gesichtern der Umstehenden schienen der Schreck und die Ratlosigkeit der ganzen Welt konzentriert zu sein.

Hartwig streckte sich und versuchte, seine steif gewordenen Glieder wieder beweglich zu machen.

Die beiden Polizisten dachten, hier liege ein eindeutiger Fall von Menschenhandel vor.

Alle anderen dachten gar nichts.

»Guten Abend!«, sagte Hartwig, stieg aus und klopfte sich die Holzwolle von der Hose. »Mein Name ist Hartwig.«

»Guten Morgen!«, sagte der Kommissar. »Sehr interessant! Aber noch mehr würde uns interessieren, wie du hier hereingekommen bist.«

»In der Kiste!«, entgegnete Hartwig. »Der dicke Schmuggler und Ihr Herr Kollege haben mich hier hereingetragen.«

Auf der Stirn des Kommissars schwoll eine Zornesader bedrohlich an. »Und wie kommst du in die Kiste?«

»Die Schmuggler haben ihr Gepäck einige Zeit unbeobachtet gelassen, als sie meinen Freund fangen wollten. Da habe ich mir erlaubt, die Kiste zu leeren, damit ich besser hineinpasse. Ich wollte nämlich auf diese Weise das Versteck der Schmuggler herauskriegen.«

»Hm ... so? Na, darüber reden wir später noch ausführlicher. Aber was hat es mit der Telefonnummer auf sich?«

Hartwig erklärte es ihm gründlich.

Der Beamte bemerkte an dem bleichen Gesicht Jupp Schönbergers, dass das die richtige Fährte war.

Nachdem alles Nötige besprochen und für den nächsten Tag noch ein Termin verabredet worden war, konnten die Jungscharleiter mit ihren Schützlingen sowie Karl Seidel gehen.

Eine halbe Stunde später krochen die vier Ausgeflogenen in ihr Zelt. Egon und Manfred hatten sie unterwegs getroffen.

Als sie in ihre Schlafsäcke schlüpften, ging das nicht ohne Geräusch ab.

Arno wachte auf und schaute sich um. »Wo kommt ihr denn her?«, fragte er schlaftrunken.

»Von der Schmugglerjagd«, antwortete Manfred leise.

Im Nu war Arno hellwach. »Was? Erzähl doch mal!«

»Morgen! Jetzt sind wir alle zu müde.«

»Nur kurz! Erzähl doch schnell das Wichtigste!«

Manfred flüsterte: »Das Wichtigste? Ich bin von Schmugglern durch den dunklen Wald gejagt worden.«

»Ich habe mich mit einem Polizisten gestritten«, erzählte Egon.

»Ich habe mich von einem Schmuggler und einem Polizisten in einer Kiste durch die Gegend tragen lassen«, ergänzte Hartwig.

Arno blieb vor Staunen der Mund offen stehen. »Und du, Michael?«, fragte er schließlich.

»Ich bin Christ geworden«, sagte der.

Inzwischen war auch Eberhard wach geworden. »Erzählt doch mal, Leute!«

»Später!«, sagte Micki und zog sich die Decke über die Ohren.

Auf dem Bahnhof von Kilianstal war etwas los!

Eine Horde von lebhaften Jungen bevölkerte den Bahnsteig. Einige saßen auf ihren Rucksäcken, einige liefen umher und spielten Fangen, ohne Rücksicht auf die Sitzenden.

Eine große Anzahl Dorfbewohner sah dem lustigen Treiben lächelnd zu.

Plötzlich setzte Musik ein. Drei Blasmusiker der örtlichen Volks- und Tanzkapelle wollten den Jungen, die die ganze Einwohnerschaft des Dörfchens nach den geschilderten Ereignissen ins Herz geschlossen hatte, eine Freude machen.

Einige Jungen des Dorfes unterhielten sich lebhaft mit ihren Fußballgegnern von damals.

Der Bahnhofsvorsteher schaute mit gestrenger Miene dem bunten Treiben zu.

»Bitte zurücktreten von der Bahnsteigkante!«, brüllte der Bahnbeamte, aber keiner hörte ihn in dem allgemeinen Trubel.

In einer Ecke standen die zwei Polizisten des Dorfes mit Egon und Hartwig zusammen.

»Wisst ihr, Jungs«, sagte gerade der eine, »wir sind ja so froh, dass ihr uns beim Fangen der Schmuggler geholfen habt!«

»Wirklich?«, fragte Egon skeptisch, aber lächelnd.

»Oh, doch!«, nickte der andere.

An einer anderen Stelle standen Karl und sein Vater mit Michael zusammen.

Herr Seidel sagte: »Du würdest uns wirklich eine große Freude machen, Michael, wenn du im nächsten Jahr wiederkommen würdest. Ich habe bis dahin alles hinter mir.« Sein Gesicht wurde ernster. »Ich sprach gestern mit dem Anwalt. Er meinte, die Strafe würde für mich nicht sehr hoch sein. Und dann möchte ich gerne ein ganz anderes Leben anfangen. Ein neues Leben, in dem Gott eine Rolle spielt.«

»Spitze!«, sagte Michael. »Bleibt es dabei, dass Karl mit auf das Zeltlager darf, das wir im nächsten Jahr mit unserer Gruppe machen?«

»Klar! Ich freue mich doch, wenn er bei euch etwas lernt, was er zu Hause nicht gelernt hat, und ...«

Herr Seidel hörte auf zu sprechen und wandte sich ab. Die Jungen sollten nicht sehen, wie bewegt er war.

Glücklicherweise tönte in diesem Augenblick eine gewaltige Donnerstimme über den Bahnsteig, alles Reden, Lachen und Rufen übertönend.

»Ach, da seid ihr ja! Meine lieben Bengel!«

Die gewaltige Frau Hebbelholz wühlte sich durch das Gedränge, steuerte zielbewusst auf Michael zu und umarmte ihn wie einen Ringkämpfer.

Micki wurde rot bis über beide Ohren.

Glücklicherweise tönte nun wieder ein lauter Ruf über das Getümmel hinweg, nicht so laut zwar wie Frau Hebbelholz, aber doch vernehmlich:

»Einsteigen!«

Man verabschiedete sich.

Herzliche Worte – schimmernde Augen – flatternde Taschentücher.

Als alle Jungen verschwunden waren, die nicht nach Kilianstal gehörten, warf der Beamte die Türen zu.

Die Fenster wurden geöffnet. Aus jedem hängten sich einige blonde, braune oder schwarze Jungenköpfe.

Dann setzte sich der Zug in Bewegung. Noch lange winkten die Zurückbleibenden.

Als der kleine Zug um die erste Biegung verschwand, steckte man die Taschentücher ein und wandte sich langsam wieder dem Alltag zu.

Bis zuletzt stand jedoch eine große, dicke Frau im bunten Küchenkittel auf dem Bahnsteig. Als auch sie sich abwandte, murmelte sie vor sich hin, allerdings so laut, dass es auf dem ganzen Bahnhofsgelände verstanden werden konnte:

»Süße kleine Bengel!«